Die Erstrebung
einer
maritimen Stellung Deutschlands
auf
der Basis des Zoll-Vereins.

Jedes Volk ist seines Glückes Schmied.

Berlin.
Druck und Verlag von Georg Reimer.
1859.

Uebersicht.

Die drohenden Gefahren und die Gegner.

Wer mit ernstem Blick die Ereignisse der letzten Jahre insbesondere der letzten Monate überschaut, muß nothwendig in eine Stimmung kommen, welche sein Vertrauen auf unsere Zukunft erschüttert. Die gegenwärtige politische Weltlage ist ernst, aber wahrlich nichts weniger als erhebend.

Ueber erwürgte Rechte und zertretene Gesetze, unter dem Schilde „von Gottes Gnaden und durch des Volkes Willen" hat sich in Frankreich ein Mann auf den Thron gearbeitet und wagt es ungestraft seit langer Zeit unsägliches Elend über sein eignes Land und das übrige Europa zu decretiren. Es ließe sich manche Seite füllen mit der Politik des Kaiserthums in Betreff des eigenen Landes. Doch gehört dies zunächst nicht hierher.

Es geht uns nicht an, wenn die französische Nation sich vorlügen läßt, der Bonapartismus sei „die Idee des Fortschritts unter einer starken, centralisirenden Gewalt, welche für die wahre, gemäßigte Freiheit die sicherste Bürgschaft enthalte" — während ihr mit furchtbarer Zähigkeit auch die letzte Spur von Freiheit entzogen wird. Es geht uns nicht an, wenn die französische Nation sich durch ihren Retter zu jenem Zustand der Ohnmacht maßregeln läßt, wo Niemand außer auf höhern Befehl oder auf erhaltene Erlaubniß den Mund aufthun darf; wo die Publicisten und Journalisten blos eine Berechtigung haben, sich in servilen Lobhudeleien des bestehenden Regimes zu ergehen, und wo durch die willkürlichsten und maßlosesten Gesetze die Presse gänzlich vernichtet ist, jene letzte Zunge, die der Nation noch übrig bleibt, „ihrem Tyrann ins Antlitz zu fluchen".

So lange der Kaiser Napoleon mit seinen gepriesenen Ideen blos seine Nation beglückte, konnten wir ruhig zusehen. Es nöthigte uns ja Niemand in die sonntägigen Gebete der Nation: Domine salvum fac Imperatorem! mit einzustimmen.

Anders steht es, seit der Hort des Weltfriedens, nachdem er in seinem eigenen Lande so Außerordentliches geleistet, seine Augen dem Auslande zuwendet, seit er seinen großen „europäischen Staatsstreich" zu spielen begann. Hiermit ist eine Bahn betreten, welche die heiligsten Güter des civilisirten Europa, seine Freiheit, seinen Frieden, seine höchsten Interessen bedroht. Man fühlt, der Mann wird sich Alles erlauben, weil die Welt ihm Alles erlaubt und man kann sich jener durch eine herannahende Gefahr hervorgerufenen Stimmung nicht erwehren, in der man den Rock zuknöpft und seine Waffen prüft.

Seit jenem Zeitpunkte hängt unablässig über Europa ein Damoklesschwert, welches jede Minute herabfallen kann. Das französische Volk und sein Herrscher sind eine Constellation, welche die Ruhe Europas fortwährend bedrohen muß, und eine ernste Mahnung ergeht an die Völker sowohl, als an diejenigen, in deren Händen jener Geschicke liegen, einander die Hände zu reichen und mit kräftiger Energie den gefährlichen Projecten jenes ruhelosen Friedenstörers einen ernsten Damm entgegen zu setzen.

Was kann das Ausland von einem Mann hoffen, der ohne Pietät die heiligsten Güter und das Leben seiner eigenen Nation mit Füßen tritt und mit polizeilichen Tyranneien Alles zu Tode martert, was in Opposition zu seinem System steht; der sich nur Gott, seinem Gewissen und der Nachwelt gegenüber für verantwortlich erklärt, aber in Betreff der Elasticität seines Gewissens so schlagende Beweise jenes von Cäsar schon an den alten Galliern beobachteten Charakterzuges des ridendo fidem frangere geliefert hat.

Wenn dieser Mann seine Augen dem Auslande zuwendet, so hat dieses nichts Gutes zu hoffen, aber viel Böses zu fürchten. Soll man etwa über ihn mit Geringschätzung hinwegsehen, der bis jetzt alle seine Pläne mit einer raffinirten Schlauheit und scharfen Berechnung und Beobachtung angelegt und mit einer bewundernswürdigen Zähigkeit zu Ende geführt hat? Man vergesse nicht, daß dem Kaiser die in Deutschland zerbrochenen und in Rußland erfrorenen Ideen seines Onkels im Kopfe herumgehen; man vergegenwärtige sich einmal das Getriebe von Machinationen, durch welche die Italiener ausersehen wurden, den blutigen Reigen zur Schwächung Oesterreichs beginnen zu helfen. Die Pläne gegen Oesterreich datiren seit dem Krimkriege; sie treten in der Rumänenfrage, in den Angelegenheiten von Serbien und Montenegro auf, wo es überall auf Vernichtung des österreichischen Einflusses abgesehen war. Sehr prägnant treten sie seit dem 14. Januar 1858 hervor, wo Orsini in der Straße Lepelletier seine Handgranaten warf. Dasselbe Attentat, welches dem Kaiser heute hart ans Leben ging, wurde morgen mit kalter Berechnung im Sinne seiner Pläne ausgebeutet. Heute war ihm ein Mordversuch auf seine Person, später die Verheirathung seines Vetters Mittel zu demselben Zweck.

Der Zweck wurde erreicht. Der Krieg begann. Es folgte eine Zeit, die durch freche Gewaltthaten und schaudererregende Zerrüttungen heimgesucht wurde; blutige Telegramme des triumphirenden Hohenpriesters der Civilisation stumpften durch ihre Häufigkeit und Gräßlichkeit die Gemüther ab; die durch die darniederliegenden Gewerbe erzeugten Nahrungssorgen zehrten an dem Mark der Nationen. Da rief man plötzlich halt. Der französische Kaiser reichte dem Erbfeinde über Blut, Leichen und Verwüstung die Hand und die Welt erstaunte über den Frieden von Villafranca, der ihr so sehr viel zu bedenken gibt. Die Freiheit Italiens, welche zur Firma diente, ist ad acta gelegt. Die herbeigerufenen Führer der Revolution sind entlassen — aber der Zweck scheint erreicht: es ist nach dem weisen Grundsatz der Theilung der Arbeit wieder ein Stück des Bestehenden gestürzt und auf Napoleons Seite gezogen.

Neben das Bild des Kaisers stelle man das Bild des französischen Volkes, von Gervinus so treu gezeichnet, als wäre es aus dem Spiegel gestohlen. Jenes Volkes — „schwankend zwischen Katholicismus und Protestantismus, zwischen Religion und Freigeisterei, zwischen Rohheit und Ueberbildung, zwischen Rückeilen und Voreilen. Im Staate grenzen seine Zustände bald an Absolutie, bald an Anarchie. Es hegt despotische Ordnungen unter jeder Regierungsform, und übt dagegen den Brauch der Revolution wie ein Recht.... Die jüngeren Schulen seiner Bewegungsmänner schwanken in ihren Neigungen ganz so, wie die Geschichte des Volkes im Großen.... Sie suchen ein übergroßes Maß von Freiheit und unterwerfen zuletzt Alles einer neuen römischen Dictatur...., sie verkünden Brüderlichkeit und bekämpfen, was selbst der Wilde schützt, Eigenthum und Familie. Sie führen das Christenthum im Munde und feiern die Orgien der Mord- und Raubsucht;.... sie waffnen sich mit allen großen Ideen, und entehren sich mit allen niedrigen Lastern".

Der Kaiser hat das Volk auswendig gelernt und führt es in Extremen fort. Er quält es zuerst mit Napoleonischem Frieden, der jener drückenden Schwüle eines Gefangenen-Saales gleicht, wo ein lautes Wort zum Verbrechen wird und wo Jeder was man ihm zumuthet, in geräuschlosem Gehorsam vollzieht — und unterhält es dann mit Ruhm und Krieg. Aus seinen Sclaven will er die Herrn der Welt machen. Er deportirt erst die Männer des Volkes ohne Verhör und Richterspruch nach Cayenne und Lambessa, wo jeder Athemzug eine Dosis Gift ist — damit dann als Gegensatz der Act der Amnestie wie eine Segenshymne officiell bis zu den Sternen empordeclamirt werden kann.

Ein solches Volk und ein solcher Kaiser sind ganz geeignet, dem Ausland ernste Besorgnisse einzuflößen. Diese Besorgnisse haben mit dem Frieden von Villafranca an Bedeutung sehr zugenommen, ein Friede, dem man gleich ansieht, daß er nur so lange dauern wird, bis wieder ein General berichtet: „Sire, die Armee langweilt sich." Man wird dann erstaunen, mit welch' wohldurchdachter Schlauheit für diesen Fall schon so trefflich gesorgt ist, daß der große Kaiser blos noch den Funken in den Zunder zu leiten braucht, um mit einem casus belli vom reinsten Wasser hervortreten zu können.

Mit Oesterreich ist er fertig. Was nun? Wird der Kaiser zunächst fortfahren, die deutschen Staaten nach seiner Berechnung zu isoliren und vereinzelt abzuthun? Kommt England, dem er auf dem Cherbourger Feste in eigner Person und mit mephistophelischem Lächeln bereits die Brocken zeigte, an denen es einst ersticken soll, vor ihnen an die Reihe, oder hat der kaiserliche Freund mit französischer Courtoisie dem stolzen England, wie einst Polyphem dem Odysseus, die Gunst eingeräumt, zuletzt verspeist zu werden?

Europa wird das abwarten, wie es bisher Manches abgewartet hat.

Mögen immerhin die Pläne des Neffen noch überspannter sein, als die des Oheims, aus dessen Schmaus er im Grunde genommen sein Ragout zusammenbraut — soviel steht fest, daß sein jetzt so furchtbar gemaßregeltes Volk ihm stets und überall hin mit Wollust folgen wird. Denn es ist eine psychologische Nothwendigkeit, daß ein Volk wie das französische die eröffnete Bahn des Kriegsruhms, wo es Etwas gewinnen kann, der furchtbar öden Heimath vorzieht, in der es nichts mehr zu verlieren hat. —

Man sieht und es bezweifelt Niemand, es drohen uns Gefahren, denn Volk und Kaiser eines Nachbarstaates sind geeigenschaftet, fähig und gewillt uns solche zu bringen. — Noch wird es gut sein hier einige Züge beizufügen, welche einerseits die Keckheit, mit welcher Napoleon sich bereits die obere, höchsteigenhändige Leitung der Geschicke Europas angemaßt hat, andrerseits die damit nothwendig für uns verknüpfte Demüthigung und Gefahr nachweisen sollen. Man möge daraus erkennen, welche klägliche Rolle die europäische Diplomatie gegenüber den Machinationen des ewigen Friedensstörers bisher gespielt hat.

Der Beherrscher des französischen Reichs ist ermuthigt durch die Erfolge aller seiner Pläne, zu der kühnen Idee gekommen: er sei berufen von seiner neugeschaffenen Bühne herab die Geschicke Europas zu lenken, Moral und Civilisation nicht nur zu predigen, sondern auch für jedes Interesse der Civilisation und des Rechts in die Schranken zu treten und alle nach der Oberfläche drängenden Fragen gedeihlich selbst zu ordnen oder vor ein Schiedsgericht der Großmächte zu bringen. Dort will er selbstverständlich als Beherrscher der großen Nation das Wort führen und am liebsten zugleich als Ankläger, Zeuge, Richter und Urtheilsvollstrecker fungiren. —

Man betrachte einmal die Unterlagen, auf denen der December-Thron vor nicht langer Zeit aufgebaut ist, — so scheint es bitter daß von demselben dem übrigen Europa Moral gepredigt wird. Der Moniteur, jener officielle Münchhausen, ist das würdige Organ jener würdigen Aufgabe. Derselbe Mann, der in seinem eigenen Lande fast alle Federn zerstaucht, und zu Boden geworfen hat — er ergriff selbst die Feder, um den europäischen Großmächten im Betreff seiner Unternehmungen ihre Rollen anzuweisen und ihnen ihren Standpunkt klar zu machen. Im Moniteur wurde in officiellen Artikeln England gemaßregelt, Süddeutschland wegen seiner Kriegsgelüste eine Lection ertheilt, Preußen wegen seiner Mäßigung aufmunternd und gutheißend gelobt, Oesterreich dem Abscheu der Welt überliefert.

Jedenfalls ist eine solche Neuerung, eine derartige diplomatische Praxis der französischen Regierung, sobald sie länger geduldet wird, für den Frieden Europas höchst gefahrdrohend, weil sie nothwendig Erbitterung bei den andern Staaten hervorrufen muß und weil jetzt ein muthwilliger, officieller Leitartikel wie ein schneidender Nachtfrost das Quecksilber der Börse herunterschraubt. Jene unerhörten Artikel und Cabinetsnoten, wie sie der oberste Machthaber entweder, wie Charakter, Ton und Farbe oft genug zeigt, in eigner Person, oder durch die vertrautesten Organe seiner Ideen aus dem Allerheiligsten der Tuilerien bisher erlassen hat, sind wahrhaftig eine wahre Geißel für die übrigen Völker. Bei der heutigen Verzweigung und Ausbreitung der Telegraphen und Eisenbahnen werden sie fast zu gleicher Zeit an allen Theilen Europas verkündet und erzeugen nothwendig jene fieberhafte Unruhe, welche die Regsamkeit des Handels und der Gewerbe verscheucht und so unbemerkt aber merklich an dem Mark der andern Nationen zehrt Wer die Stimmung der europäischen Welt seit dem 1. Januar d. J. beobachtet hat und sie mit den betreffenden Moniteurnoten in Relation bringt, der wird entdecken, daß jene Stimmung in ihren krampfhaften Schwankungen und wechselvollen Stürmen ein treues Abbild des ruhelosen, reizbaren und von wechselnden Leidenschaften heimgesuchten Gemüthszustandes des französischen Kaisers ist.

In der That ein beneidenswerther Zustand der europäischen Verhältnisse. Die europäische Diplomatie trägt die Schuld solch kläglicher Zustände. Schon einmal hat sie geduldig zugesehen, wie Napoleon, sei es aus rein persönlichem Ehrgeiz, weil Kaiser Nicolaus den Parvenu nicht anerkennen wollte, sei es nach tiefer angelegten Plänen, einen Krieg mit Rußland begann; sie hat sich ruhig nach Paris rufen lassen, um Frieden zu stiften und hat ruhig zugesehen, wie um dieselbe Zeit die kaiserlichen Agenten beschäftigt waren, für neue Kriege die Einleitungen zu treffen.

War es nicht ebenso demüthigend als kurzsichtig und unweise, als die schlaffe, europäische Diplomatie den oben geschilderten weit angelegten Plänen, Intriguen und Aufreizungen gegenüber, welche für Oesterreich Anlaß zu wahrlich mehr als einem Kriege enthielten, ewig und ewig unterhandeln und vermitteln wollte? War es nicht haarsträubend, wenn die Diplomatie an drei Punkten Proteste erhob, weil endlich der von jenem Abenteurer malträtirte österreichische Kaiser den muthigen Entschluß faßte, rasch den Werkzeugen seines Peinigers mit dem Schwerte auf eigene Faust zu Leibe zu gehen, um sich, so lange jener noch nicht gerüstet war, durch rasches Handeln die möglichsten Vortheile zu sichern? Gegen ein solches Verfahren eines deutschen Kaisers, dem Niemand helfen konnte und wollte, noch laut zu protestiren — das heißt wahrlich, insoweit es von Deutschland geschehen ist, das deutsche Volk wieder an jene Hundedemuth gewöhnen, die der jüngere Moser mit Mühe ihm abgewöhnt hat.

Krieg ist furchtbar und muß natürlich so lange als möglich vermieden werden. Erhebt sich aber ein Mann, dem in seinem eignen Lande nichts heilig war; der dem Auslande gegenüber der Humanität und den sittlichen Anforderungen des neunzehnten Jahrhunderts in's Antlitz speit; der die brennenden Fragen aus dem Aermel schüttelt; der die Zeit nicht abwarten kann, bis er seine Theorien des Kriegs und die Vortrefflichkeit seiner — wahrlich nicht für den Frieden erfundenen — neuen Vernichtungswerkzeuge an der Zahl der Schlachtopfer ermessen kann; der Krieg unter jeder Bedingung will und wollen muß, weil Krieg oder eigner Untergang seine einzige Alternative ist; der zur Realisirung seiner Pläne gewagt, was ein geborner Franzose nie wagt, „den Fluch der Lächerlichkeit zu besiegen“: da soll man nicht ewig und ewig blos vermitteln, weil damit das beschlossene Unheil nicht beseitigt sondern blos in die Länge gezogen und somit vergrößert wird, da gebeut eine höhere Aufgabe der Staaten, da fordert die Civilisation, daß man dem Begehren des endlosen Unruhestifters mit blutigen Strichen ein möglichst kurzes, seine Störungen und ihn selbst vernichtendes Ziel stecke!

Aber anstatt dem Friedensstörer ein quousque tandem abuteris patientia nostra! entgegenzurufen, verstummte Europa in Demuth.

Jeder Zoll Demuth auf dieser Seite, steigerte maßlos die Arroganz auf jener Seite. Nichts als unsere auf politische Ohnmacht basirte, feige Zaghaftigkeit hat den Mann auf jene Höhe gehoben, von der er jetzt auf uns herabschaut. Ruhig ließ man geschehen, daß die ausschließliche und gehässige Ausübung jener diplomatischen Praxis, welche uns Erniedrigung und Unheil bringt, demjenigen, der sie ungestört geltend machen darf, die größten Vortheile sicherte. Sie ließ ihn über Alle hervorragen, sie schaffte ihm nach und nach ein wirkliches Uebergewicht und räumte ihm so immer mehr und mehr das Recht ein, die öffentliche Meinung Europas nach Willkür zu lenken. Man beachtete nicht die schlagenden Beweise jener präcisen Art und Weise, in welcher der europäische Gesetzgeber von Uebermuth zu Uebermuth, von schreckenden Worten zu kühnen Thaten, von Neujahrswünschen zu blutigen Kriegen, und von mörderischen Schlachten zu kaiserlichen Umarmungen vorzuschreiten versteht.

Die ersten Acte des kaiserlichen Schauspiels sind vorüber. Sieht das übrige Europa den nächstdem zu beginnenden weitern Acten in der bisherigen Weise zu und feiern vor Allem wir Deutsche nicht nächstens die Schwerterweihe deutscher Einheit — so kann Napoleon seinen unheilvollen Kreislauf bald vollenden. Man gönne dem Imperator, wie bisher, einiges Kriegsglück und pfropfe seine durch Ohnmacht und Zaghaftigkeit genährte und erzeugte Anmaßung und Kühnheit auf ein Heer von Kriegsruhm-durstigen Franzosen, Zuaven und Turcos, so wird uns bald genug das Verderben ereilen, so wird man bald genug den Ruf vernehmen: Deutsche! wacht auf, es ist Dreiviertel auf 1806!

Eine der nächsten Aufgaben Deutschlands.

Es ist jetzt Mancherlei vom Herzen herunter, was dasselbe drückte.

Wir haben uns bisher unsern Gegner und die uns drohenden Gefahren beschaut. Nun wollen wir einen Blick auf unsere eigenen Zustände werfen und sehen, was da am Meisten Noth thut.

Es ist zunächst ein sehr erfreuliches und vertrauenerregendes Zeichen, daß trotz der factischen Zerrissenheit unserer Zustände jetzt in allen deutschen Gauen sich ein mächtiger Drang nach Einheit herausfühlen läßt. Es ist wohl eine selbstverständliche Thatsache, daß dieser Ruf nach Einheit nicht so gedeutet werden kann, als solle man jetzt gleichsam in procinctu eine starke einheitliche Verfassung berathen und schaffen. Mit richtigem Tact hat man den Schwerpunkt zunächst in die Erzielung einer durch einheitliches Handeln gekräftigten Macht gelegt. Doch bleibt den Deutschen noch manche Aufgabe zu lösen und vor Allem ist es nöthig, die ganze Kraft der Nation, so lange sie von patriotischer Stimmung durchglüht ist, auf Eins hinzudrängen, was Noth thut: auf die Anbahnung einer maritimen Stellung Deutschlands. Es gibt deutsche Küsten, die des Schutzes bedürfen, es gibt zur See hochwichtige Interessen der Nation zu vertreten, deren wir, wenn wir nicht anfangen eine Flotte zu gründen, gänzlich verlustig gehen. Die öffentliche Meinung hat überall schon auf diesen wichtigen Punkt aufmerksam gemacht. Es wäre geradezu unverantwortlich, wenn wir in Zeiten, wo ein europäischer Krieg wie eine Gewitterwolke über uns lastet, die ehr oder später sich entladen wird, unsere wichtigsten Grenzen wehrlos jedem Angriff zur See länger Preis geben.

Das Bremer Handels-Blatt hat bereits darauf hingewiesen und man werfe einen Blick auf die Karte, um sich vollständig zu überzeugen, wie der Feind von der Elbe- und Wesermündung aus die Rheinlinie bequem im Rücken fassen kann, ohne daß eine Bundesfestung sein Vorrücken zu hemmen vermag. Viele Millionen deutsches Privateigenthum schwimmen als Kauffahrer und Waaren auf dem Meere — kein deutsches Kriegsschiff ist da, sie in Kriegszeiten zu schützen. Die Weserzeitung hat in einem Artikel über die deutsche Küstenwehr auf die ungenügenden Vertheidigungsanstalten aufmerksam gemacht, welche Deutschland in dieser Hinsicht aufzuweisen hat. Sie drängt dazu, vor der Hand wenigstens genügende Kanonenbote und eine Fluß- und Wattenflottille herzustellen.

Man bedenke die Thätigkeit andrer Länder in dieser Beziehung. England läßt sich die Verstärkung seiner Flotte sehr angelegen sein. Die officiellen Berichte aus den Kriegshäfen erzählen von den riesigen

Arbeiten in den Werften von Chatam und Sheerness. Noch war der Liniendampfer „Trafalgar“ nicht vom Stapel gelaufen, da wurde schon wieder mit dem Bau des „Rodney“ von denselben Dimensionen begonnen. Ein andrer Liniendampfer „Hood“ (91 Kanonen) ist auf den Werften von Chatam in Angriff genommen und ein vierter „Hero“ (91 Kanonen) ist bereits der im activen Dienst befindlichen Flotte zugetheilt. In derselben Weise läßt Frankreich und ließ mitten im Kriege Schiff auf Schiff vom Stapel.

Und was thun wir Deutsche? Wir warten die Sache ruhig ab! Wir legen die Hände in den Schoß und wollen wie immer nicht eher hell sehen, als bis uns die Augen übergehen.

Eine Flotte läßt sich nicht wie einst Athene aus dem Haupte des Zeus, mit einem Schlage gewaffnet aus dem Schoße der Nation hervorzaubern. Aber einen Anfang zu machen, ist jetzt wahrlich die höchste Zeit.

Die traurigsten, die niederdrückendsten Erfahrungen freilich scheinen von dem nochmaligen Unternehmen, eine deutsche Flotte auf nationaler Basis herzustellen, zurückzuschrecken. Erst hatten wir ein Reich und keine Flotte und 1848 eine Flotte und kein Reich. Der Bund wußte nicht, was er mit diesem Kinde der deutschen Nation anfangen sollte. Oesterreich wollte nichts zu den Kosten beitragen — selbstverständlich aber auch das Kleinod den andern Staaten nicht gönnen — und so wurde denn der in wenigen Jahren in nationaler Begeisterung geschaffene, schöne Anfang einer deutschen Flotte, bestehend aus 4 Dampffregatten, 5 Corvetten, 2 Segelschiffen und 26 Kanonen-Boten zur ewigen Schmach — nicht des deutschen Volkes sondern des deutschen Bundes versteigert. Es scheint wenigstens ein gutes Omen, daß Preußen den Haupttheil der Erbschaft angetreten hat.

War damals in der Herrenlosigkeit der deutschen Flotte der Grund ihres Untergangs zu suchen, so müssen wir natürlich nunmehr, durch Schaden klug gemacht, die Gründung einer Flotte an Etwas Bestehendes anknüpfen, wenn sie Bestand haben soll.

Auf diesen bestehenden Anknüpfungspunkt hinzuweisen, ist der Zweck der gegenwärtigen Schrift. Sie betrachtet zunächst die Resultate der Jahrhunderte langen, deutschen Einheitsbestrebungen, welche sie in zwei

Gruppen theilt: die auf dem politischen Gebiete und die auf dem Gebiete der materiellen Interessen. Das Resultat der erstern ist der schon einmal weggeworfene und wiederhervorgesuchte deutsche Bund und seine Organe, welcher nach den laut zum Himmel schreienden Erfahrungen bisher die gesammten Interessen der deutschen Nation consequent vernachlässigte und an die Herstellung einer maritimen Stellung Deutschlands nicht nur nicht dachte, sondern sogar die von der deutschen Nation geschaffene deutsche Flotte rücksichtslos unter dem Auctionshammer brachte. Es wäre hiernach ein geradezu sträfliches Beginnen, ein zu begründendes nationales Werk mit solch' einem Institute in Zusammenhang zu bringen, welches durch Preußens Aufschwung in der deutschen Sache hoffentlich bald der verdienten Vernichtung überantwortet wird.

Das Resultat der zweiten Gattung von Einheitsbestrebungen ist der große, deutsche Zoll- und Handels-Verein, welcher in gesundem Verständniß der Verhältnisse bisher von den unheilvollen Einflüssen habsburgischer Politik sich freizuhalten wußte und den von dieser Politik fein angelegten Sprengungsversuchen lebenskräftig widerstand. Der Zoll-Verein stellt sich als geeigneter Anknüpfungspunkt für eine deutsche Flotte heraus. Deutschland muß diesem sehr lebensfähigen Institute, dem einzigen Bande, was es enger verbindet und dem Ausland gegenüber repräsentirt, größere politische Bedeutung beilegen, ihn als Basis der Einheitsbestrebungen auffassen. Zunächst mag man wenigstens die Anfänge einer Zoll-Vereinsflotte schaffen, welche für den Kriegsfall zum Schutz der deutschen Küsten verwandt werden könnte und im Frieden die Basis bilden würde, durch Abschließung von Handelsverträgen mit dem neu eröffneten China und Japan dem Zoll-Verein neue Handelsbahnen zu eröffnen und so die jetzt geschlagenen Wunden der Gewerbe- und Handelswelt wieder zu heilen. Ueberhaupt aber würde eine Flotte durch Kräftigung und Hebung des Zoll- und Handels-Vereins dazu beitragen, daß derselbe eine einheitliche, deutsche Handelspolitik zu erstreben vermag.

Wir wollen den hier kurz characterisirten Weg sofort antreten und detailirter durchlaufen.

Die deutschen Einheitsbestrebungen auf politischem Gebiete.

Die jetzt überall hervortretenden Einheitsbestrebungen drängen zu der Aufgabe, das Gebiet unserer bisherigen Einheitsbestrebungen im Zusammenhang einmal kurz zu durchmustern. Entdeckt man unter den Resultaten derselben eine schon bestehende Basis, auf der man zum Heil der deutschen Einheit und Macht weiter operiren könnte, so muß man doch sicher vorziehen, statt neues Terrain zu erkämpfen, auf dem bereits gewonnenen fortzubauen.

Betrachtet man die deutschen Einheitsbestrebungen, so entdeckt man neben denen, deren Ziel eine einheitliche politische Verfassung war, noch gewisse Vereinigungsversuche, deren Zielpunkt zunächst eigentlich nicht deutsche Einheit war, die aber bald durch ihre politische Bedeutung für Deutschland von großer Wichtigkeit wurden. Es ist gebräuchlich geworden, diese unter dem Namen Einheitsbestrebungen auf dem Gebiete der materiellen Interessen zu bezeichnen. Wir werden bei der nachfolgenden Betrachtung diese Sonderung beibehalten und mit der ersten Gruppe beginnen. — Wenngleich das Bedürfniß und das Streben nach einer politischen Einigung in Deutschland, wie Klüpfel in seinem vortrefflichen Buche über die deutschen Einheitsbestrebungen sagt, so alt ist, als die deutsche Geschichte, so wird man doch Luther als den ersten nennen müssen, der die eigentliche Begeisterung des Volkes für die einheitliche deutsche Entwickelung zu erwecken verstand. Freilich gelangten seine Ideen, denen sich die edelen und begeisterten Bestrebungen Huttens anschlossen, zu keinem Resultate und gingen in den Religionskämpfen wieder unter. Das Vorherrschen des Particularismus der größern Territorien, die engherzige Kirchthumspolitik der Reichsstädte, das Regiment des deutschen Adels, der planmäßig bemüht war, seine Nationalität zu verläugnen, erstickten das Bewußtsein der Einheit. In Sprache und Sitte wurde der nationale Geist bei Seite geworfen. Französischer Geschmack und französische Literatur gewannen die Oberhand — die deutsche ließ man verkümmern.

Nahm auch zur Zeit der ärgsten Bedrängniß durch Ludwig XIV. das nationale Bewußtsein besonders seit der Denkschrift von Leibnitz einigen Aufschwung, so kam doch der von ihm angestrebte Reichsbund nicht zu Stande. Die Entwickelung und Ausdehnung der Territorien schien das Ziel aller staatlichen Lebenskraft zu sein und die Habsburger Kaiser schienen einen Beruf darin zu finden, das nationale und politische Leben durch Absolutie und Jesuitismus zu ertödten.

Bedeutungsvolle Gegensätze zu den österreichischen antideutschen Bestrebungen erwuchsen in dem sich neu gebildeten Territorium der Mark Brandenburg, welches in dem Kurfürsten Friedrich Wilhelm I. einen Herrscher bekam, der kräftig für die Unabhängigkeit Deutschlands gegen Fremde, namentlich Schweden und Franzosen, in die Schranken trat. Der von ihm angeschlagene Ton klang in dem Fürstenhaus der Hohenzollern fort und erreichte seine Höhe in Friedrich II., an dem Deutschland entschieden einen nationalen Helden bekam, der zugleich dem Protestantismus einen entschiedenen Sieg über den Katholicismus verschaffte.

Friedrichs Nebenbuhler, Joseph II. strebte das deutsche Kaiserthum neu zu beleben; aber ersterer hatte ihm die Sympathie der Nation vorweg genommen, außerdem war die Kaiseridee in Verfall gekommen.

Trotzdem noch einzelne Patrioten, namentlich die beiden Moser für die Anstrebung eines Gesammtvaterlandes lebten und wirkten, kam das Reich immer mehr in Verfall. Der jüngere Moser geißelte mit scharfen Hieben das angefaulte Leben in den höchsten Schichten der Gesellschaft und die Niederträchtigkeit „des Hofschlammes“; der ältere sagte den Deutschen in seiner Schrift vom deutschen Nationalgeist folgende noch heute beherzigenswerthe Worte: „Wir sind ein Volk von Einem Namen und Sprache, unter Einem gemeinsamen Oberhaupt, ... von innerer Macht und Stärke das erste Reich in Europa, ... und so wie wir sind, sind wir schon Jahrhunderte hindurch ein Räthsel politischer Verfassung, ein Raub der Nachbarn, ein Gegenstand ihrer Spöttereien, ausgezeichnet in der Geschichte der Welt, uneinig unter uns selbst, kraftlos durch unsere Trennungen, stark genug um uns selbst zu schaden, ohnmächtig uns zu retten, unempfindlich gegen die Ehre unsres Namens, ... ein großes und gleichwohl verachtetes, ein in der Möglichkeit glückliches, in der That selbst aber sehr bedauernswürdiges Volk.“

Aber solche vereinzelte Stimmen ließen das öffentliche Leben unberührt und mit Joseph II. Tode ging das Reich seiner Auflösung unaufhaltsam entgegen und war bestimmt vor seiner Auflösung noch manche Schmach deutschen Namens zu erfahren.

Die mittleren deutschen Staaten entfrembeten ihre Unterthanen der Reichsgewalt und benutzten ihre Unabhängigkeit vom Kaiser und Reich gegen das Interesse ihres Landes. Einzelne Höfe wetteiferten mit den französischen Herrschern in schamloser Unsittlichkeit. Nach dem französischen Grundsatz l'état c'est moi! betrachteten eine Anzahl mittlerer deutscher Fürsten Staat und Volk als ihr Privateigenthum und schalteten damit wie man mit einem ererbten Garten zu schalten pflegt. Man nutzt ihn nach Belieben aus und verkauft ihn, wenn man Geld braucht. Ruhig müssen wir uns gefallen lassen, wenn Macaulay mit bitterster Verachtung von jenen Husarenhändlern, den „hussarmongers of Hesse and Anspach“ erzählt, die mit dem Verkauf ihrer Unterthanen an Nord-Amerika, Holland und das Cap ein gutes Geschäft machten. Die Reichsverfassung schwieg, obgleich die Steine hätten schreien mögen.

Die Reichsstädte waren todt, weil kraftlos, und Alles wirkte zusammen, durch Particularismus sämmtliche Elemente eines öffentlichen Lebens zu zerstören.

Vortrefflich stand es in dieser Zeit der Verkommenheit der politischen Zustände um das geistige Leben der Nation. In ihm hatte sich eine ungemeine Regsamkeit entwickelt und unzweideutig sehen wir hier an mancher Stelle das nationale Bewußtsein zu Tage treten. Klopstock predigte seinen idealen Patriotismus, Lessing schuf mit den Waffen der Vernunft und Wissenschaft ein neues Zeitalter und brach dem deutschen Geiste neue Bahn. Herder lehrte neben und in seinen kosmopolitischen Ideen zur Philosophie der Geschichte der Menschheit die tiefe Bedeutung der Volksthümlichkeit und Wieland, Göthe und Schiller gaben endlich der deutschen, nationalen Literatur eine Bedeutung, die den deutschen Namen überall zur Anerkennung brachte.

Auch auf andern Gebieten kam jenes reiche, geistige Leben zum Durchbruch. Kant übte durch seine Staats- und Rechtslehre ungemein großen Einfluß auf Gesetzgebung und positive Staatseinrichtungen.

Schlözer besprach in seinen Göttinger Staatsanzeigen freimüthig die wichtigsten, politischen Fragen und Interessen Europas. Es war eine ganz neue Erscheinung, sagt Mohl, daß sämmtliche Thatsachen, Regierungshandlungen und hochgestellte Personen in einer von vielen Tausenden gelesenen Zeitschrift an die Oeffentlichkeit und vor den Richterstuhl der allgemeinen Meinung gezogen wurden. Sogar Maria Theresia und Joseph II. trugen den Veröffentlichungen und Kritiken des Göttinger Professors zuweilen Rechnung in Staatssachen. Trotz dieser ungemein reichen geistigen Kräfte kann es eben wegen der Unerquicklichkeit der politischen Zustände nicht Wunder nehmen, daß sich, als die scharfe Luft der französischen Revolution das krankhafte Gebäude der Reichsverfassung zerstörend anwehte, kein Mann fand, der solch' ein Gebäude gegen solch' einen Sturmwind noch zu halten versucht hätte. Es brach endlich 1806 zusammen, ohne daß man irgend wo ein Mitgefühl dafür wahrgenommen hätte.

Uebergeht man die Entwürfe, welche sich mit einem Surrogat für die untergegangene Reichsverfassung beschäftigten, insbesondere den des Fürsten Dalberg, so betreten wir zunächst das Gebiet des Rheinbundes, der dazu bestimmt war, unter dem Köder vollständiger Souverainetät seinen Mitgliedern unter Napoleons Protectorat einstweilen einen Vorgeschmack von der vollständigen Einverleibung in das französische Kaiserreich zu geben.

Im Rheinbund hatte denn in der That ein beträchtlicher Theil Deutschlands eine Einigung gefunden, eine Einigung die mit Versündigung an deutscher Nationalität erkauft war und an der sich recht eigentlich bewährt hat, daß der Herr die Sünden der Väter heimsucht an den Nachkommen bis ins dritte und vierte Glied. Der Rheinbund hat die Zerrissenheit Deutschlands zur Vollendung gebracht. Die Souverainetätsansprüche der Rheinbundskönigreiche sind bisher und werden auch für die Zukunft ein Fels sein, an dem noch manche nach deutscher Einheit strebende Welle zerschellen wird.

Der neben dem Rheinbund gemachte Einigungsversuch des norddeutschen Kaiserbundes, der den Rest des noch selbstständig gebliebenen Deutschlands um Preußen krystallisiren sollte, scheiterte an der particularistischen Engherzigkeit Sachsens und Kurhessens, welche dem Ganzen nichts opfern wollten. Das ist eben die alte Geschichte, die leider ewig neu zu bleiben scheint.

Der Friede von Tilsit gab Napoleon die Macht den Rheinbund zu verstärken und innerhalb desselben aus deutschem Gut und Blut in dem Königreich Westphalen einen Thron für seinen Bruder zusammenzuleimen und damit eine französische Provinz in Deutschland herzurichten, die für die übrigen Rheinbundstaaten als Muster dienen sollte. Der Rheinbund spaltete Deutschland in zwei Theile, die mit einander verglichen einen grellen Gegensatz boten. Während im Rheinbund die höchsten Güter der Nation mit ehrloser Erniedrigung dem Cynismus Bonaparte's zum Opfer gebracht wurden, während die Vaterlandsvergessenen Rheinbündler in schändlicher Felonie an den Tagen der Erfurter Zusammenkunft „den Deutschen das höchst unerfreuliche Schauspiel gaben, daß ihre Fürsten und Großen sich ganz öffentlich nicht blos als Knechte Napoleons sondern auch als Diener und Schmeichler aller seiner Generale und Hofleute geberdeten" (Schlosser) — während dieser schmachvollen Zeit wurde in Preußen ein Heerd für nationale Bestrebungen errichtet, dessen emporlodernde Flammen dem übermüthig gewordenen französischen Adler bald nachdrücklich die Fittige versengen sollten. Ein Blick in diese Werkstatt söhnt den Patrioten wieder aus: die Besten der Zeit, ein Schön, Stein, Hardenberg, Scharnhorst, Gneisenau u. A. wetteiferten hier im Verein mit König und Volk und schufen in jenen unsterblichen Institutionen die Grundpfeiler für Preußens Größe und Macht und für Deutschlands Freiheit. Jene Männer riefen die Entrüstung des Volkes wach gegen den Napoleonischen Uebermuth und seine entnationalisirende Politik, sie stärkten das Selbstgefühl und den vaterländischen Geist, sie lehrten die Nation „Alles freudig an ihre Ehre zu setzen." Durch sie würde jene Erhebung in den Freiheitskriegen eine allgemein deutsche geworden sein, wenn der Rheinbund dies nicht verhinderte.

Man kennt die Wirksamkeit, die der vertriebene und von Napoleon geächtete Stein von Rußland aus im Verein mit Arndt entwickelte. Seine Pläne in Betreff einer Einigung Deutschlands, die er mit Aufwand aller seiner mächtigen Kraft erstrebte, scheiterten hauptsächlich an dem Verlangen der Rheinbündler, daß ihre Souverainetät um jeden

Preis aufrecht erhalten werden müsse. Trotz dem Kampfe in der Presse, trotzdem Arndt in seinem „Geist der Zeit" die nationalen Aufgaben Deutschlands besprach, trotz den begeisterten Artikeln von Görres, welcher mit gewaltiger Beredtsamkeit Deutschlands Interessen vertrat, trotzdem in zahlreichen Flugschriften die künftige Verfassung Deutschlands besprochen wurde — nichts führte zum Ziele. Der Art. IV des Pariser Friedens: „Les états de l'Allemagne seront indépendants et unis par un lien fédératif", machten in Betreff der deutschen Einheitshoffnungen tabula rasa.

Die nächsten Versuche eine Einigung der deutschen Staaten herzustellen, knüpften an diese Bestimmung des Pariser Friedens an. Oesterreich, Preußen, Hannover, Bayern und Würtemberg traten zusammen, um auf Grund der bekannten Hardenberg-Steinschen Entwürfe die deutsche Verfassungsangelegenheit in die Hand zu nehmen. Der rothe Faden, der überall, wo es sich um deutsche Einheit handelte, hervortritt, übte auch hier seine nachtheilige Wirkung. Baierns Abgeordneten erklärten mit Bezug auf die zu Grunde gelegten Entwürfe, deren Bestimmungen bekannt sind: die Souverainetät des Königs enthalte unbedingte Regierungsrechte über seine Unterthanen, ein Recht der Berufung an den Bundestag könne ihnen demzufolge nicht eingeräumt auch auf das bairische Gesandtschaftsrecht nicht verzichtet werden. Würtemberg verwahrte sich gegen ein Bundesdirectorium, welches sich in die innere Angelegenheiten mische, und wollte blos einen Bund, der nach Außen Sicherheit gewähre. Beschränkung seiner Souverainetätsrechte, besonders Untersagung des Kriegführens könne es nicht dulden. Feststellung eines Minimums ständischer Rechte und Erwähnung der Unterthanenrechte müßten außerdem in einem Staatsvertrage wegbleiben.

Der hannöversche Gesandte Graf Münster protestirte feierlich gegen diese Souverainetätsansprüche und wagte sogar nachzuweisen, Baiern und Würtemberg hätten früher gar keine Rechte darauf gehabt und sie eigentlich auch durch die geschlossenen Verträge nicht erlangt. Baiern erklärte nochmals: es könne auf sein Recht nicht verzichten, „weil an diesem Recht der b a i r i s c h e Nationalstolz Gefallen trage und der König, als Landesherr die heilige Pflicht habe, dies Recht aufrecht zu erhalten". Soll denn deutscher Nationalstolz an kein bairisch Herz schlagen?

Uebergeht man die Erneuerung der Kaiserpläne, die einerseits von neunzehn Kleinstaaten, andrerseits von Capodistria sowohl als der Presse (Ludens Nemesis) erfolglos aufgenommen wurden, so ist das Resultat aller bisherigen Kämpfe und Bestrebungen die deutsche Bundes-Acte.

Die Bundes-Acte überhebt uns hier jedes Urtheils, weil sie sich ihr Urtheil selbst gesprochen. Auch erklärten ja einige Diplomaten selbst, die sie mitgeschaffen hatten: „sie könne die Erwartungen der deutschen Nation nur zum Theil befriedigen, man habe allerdings mehr erwarten können, aber es sei doch wünschenswerther, einen unvollkommenen deutschen Bund zu schließen, als gar keinen". Ein bezeichnenderes testimonium paupertatis ist wohl noch keiner Verfassung mit auf den Weg gegeben worden.

Stein war niedergebeugt, aber es ist bezeichnend für den großen Mann, daß gerade die miserabeln Zustände seine Energie antrieben noch das Aeußerste zu versuchen. Er hob mit seiner gewohnten Schärfe die Schwächen der Bundesverfassung hervor. „Unsere Gesetzgeber, sagt er bei Pertz, haben an die Stelle des alten deutschen Reichs mit einem Haupte, gesetzgebender Versammlung, Gerichtshöfen, einer innern Einrichtung, die ein Ganzes bildete, einen deutschen Bund gesetzt ohne Haupt, ohne Gerichtshöfe, schwach verbunden für die gemeinsame Vertheidigung". Seine rastlosen Mühen blieben ohne Erfolg.

Den 1. October 1816 begann die Wirksamkeit des Bundestages. Er hat in den 43 Jahren seines Bestehens Deutschland zu politischer Unmacht verurtheilt und die Einheitsidee mit eiserner Consequenz aus der practischen Politik verdrängt. Sie lebte blos noch fort in der Literatur und auf den Universitäten. Unter dem Schutze des freisinnigen Großherzog Karl August fand sie in Jena und Weimar eine Zufluchtstätte. Dort erschien Ludens Nemesis, Okens Isis, der Patriot, der rheinische Merkur und das Weimarer Oppositionsblatt von Wieland, Blätter, die ebenso freimüthig als gründlich die nationalen Interessen des deutschen Vaterlandes verhandelten. Jena insbesondere wurde unter dem begeisterten Streben eines Oken, Luden, Fries Scheidler u. A. für die deutsche Einheitsidee zur Wiege der Burschenschaft, welche in der Vereinigung der Studenten zu einer deutschen Burschenschaft das Vorbild eines einigen Deutschlands ausdrücken und erstreben sollte.

Die Ermordung Kotzebue's, der in russischem Sold die burschenschaftlichen Ideen denunzirt hatte, drückte diesen Bestrebungen einen ganz falschen Character auf und erweckte die Reaction, deren Maaßregeln zu den Karlsbader Beschlüssen führten, welche unter Metternichs Protectorat der Preßfreiheit, dem Universitätswesen und der ständischen Repräsentation so furchtbare Schläge versetzten. Der Bund nahm diese Beschlüsse ohne Widerrede an und zerstörte damit Hoffnung und Vertrauen, insoweit solche noch vorhanden waren.

Die Karlsbader Beschlüsse sollten sogenannte geheime Verbindungen unterdrücken, die in der That gar nicht existirten, sich aber gerade jetzt erst bildeten, um den liberalen Einheitsbestrebungen als Zufluchtsort zu dienen.

Erst die französische Julirevolution von 1830 gab wieder Veranlassung politische Fragen öffentlich zu verhandeln und bald zeigte sich, daß nicht aller politische Sinn der Deutschen untergegangen war. Man fühlte zunächst das Bedürfniß nach Einheit, weil man fürchtete, die neuen Machthaber der Franzosen würden ihre Aufmerksamkeit auf das linke Rheinufer lenken. Rotteck machte damals in seinen politischen Annalen auf die Schwäche des Bundes aufmerksam und rieth den Fürsten, endlich die Nationalstimme, welche laut ein populäres Verbindungsmittel der deutschen Bundesvölker fordere, zu beachten, und einen großen Rath von Volksabgeordneten neben jenen fürstlichen Gesandten zu berufen. Eigenthümlich aber erklärlich ist die damals bei allen Liberalen hervortretende Abneigung gegen Oesterreich (vgl. Klüpfel S. 422 ff.). Sie kommt in mehrern Entwürfen zur Erscheinung, deren Kernpunkt eine Hegemonie Preußens über die übrigen deutschen Staaten mit gänzlichem Ausschluß Oesterreichs bildet. Der Hauptvertreter dieser Richtung ist P. A. Pfizer (Briefwechsel zweier Deutschen). Er sagt in diesem Buch:

„Oesterreich sei ein vom deutschen Stamme losgerissener, auf fremdes Holz gepfropfter Zweig; sein geistiges Leben, seine Literatur und Schulbildung stehe Deutschland fremd, ja fast feindselig gegenüber.

Seit Jahrhunderten habe Oesterreich seinen politischen Beruf darin gesucht, mit aller Macht in entschiedene Opposition gegen das übrige Deutschland zu treten. Eine solche Macht könne nie die Grundlage eines verjüngten Deutschlands werden, es müsse vielmehr ein neuer Anknüpfungspunkt zu festerer Einigung gefunden werden, ein neuer Kern- und Mittelpunkt, woran Deutschland sich sammeln und gestalten könne. Dieser sei aber nirgends anderswo zu suchen als in Preußen, das durch außerordentliche Anstrengung seiner physischen Kräfte, noch weit mehr aber durch das moralische Gewicht, das sein Enthusiasmus in die Wagschale legte, die Befreiung Deutschlands von Napoleonischer Herrschaft entschieden und dadurch für seine Ansprüche auf die Hegemonie einen vollgiltigen Rechtstitel erworben habe."

Trotzdem dieser Gedanke in vielen Gegenden Deutschlands Wurzel faßte, ließ Preußen dies ruhig vorüber gehen. Es that nichts die Sache der Nation zu ergreifen und zog vor, sich fortwährend von Oesterreich ins Schlepptau nehmen zu lassen. Erst i. J. 1847 nahm die preußische Politik wieder eine nationale Wendung. Der König Friedrich Wilhelm IV. zeigte den ernstlichen Willen, deutsche Institutionen im großen Styl ins Werk zu rufen. Radowitz wurde beauftragt, eine Denkschrift über eine Bundesreform zu entwerfen. Die Vorschläge waren ausgezeichnet und ächt national, wurden jedoch leider so lange verzögert, bis i. J. 1848 von Frankreich aus die nationale Bewegung Deutschlands wieder einen Anstoß erhielt, der Anfangs rein national, leider durch die Wiener, Berliner und Badener Revolutionen den Geist eines revolutionären Radicalismus erhielt.

Am 18. Mai wurde zu Frankfurt a. M. die deutsche Nationalversammlung mit den großartigsten Hoffnungen eröffnet. Kaum aber war die Einsetzung der Centralgewalt und die Wahl des Reichsverwesers gesetzlich sanctionirt, da begannen auch schon die Rückwirkungen des Particularismus, hauptsächlich von Seiten Hannovers, Baierns und Oesterreichs; die kleinen Staaten waren die Einzigen, die sich der Centralgewalt ohne Rückhalt unterwarfen.

Die mannichfachen Vorschläge im Betreff der obersten Gewalt können wir hier übergehen; die Versammlung entschied sich bekanntlich für Einheit des Oberhauptes mit Kaisertitel und wählte den König von Preußen, der die deutsche Kaiserkrone ablehnte und sie blos unter der Bedingung annehmen wollte, daß sie ihm einstimmig von den Fürsten angeboten würde. Hiermit wurde natürlich das Kaiserthum ins Gebiet der Unmöglichkeit verwiesen; schon Pfizer hatte in seinem Briefwechsel richtig vorausgesagt: ehr würde der Versuch, die sämmtlichen Monarchien Deutschlands mit Gewalt in eine Republik umzuwandeln gelingen, als das Zustandekommen der Einheit Deutschlands durch eine freiwillige Unterwerfung deutscher Fürsten unter Einen ihres gleichen.

Wir wollen nicht des kläglichen Endes gedenken, das die mit so reichen Hoffnungen eröffnete deutsche Nationalversammlung nahm, die dem deutschen Volke so Viel bringen sollte und so Wenig brachte.

Der weitere Versuch Deutschland durch die sogenannte Dreikönigsverfassung zu einigen, der Form nach ein preußisch-deutscher Bundesstaat, der durch einen völkerrechtlichen Bund mit der österreichischen Gesammt-Monarchie vereinigt werden sollte, wurde durch Oesterreich vernichtet. Dieses lehnte auf der Berliner Conferenz gleich alle Theilnahme ab. Die übrigen Staaten versteckten ihre eigentlichen Absichten hinter Oesterreich und machten jeder seine Vorbehalte. Preußen selbst wollte in schlecht angebrachter Gefühlspolitik Oesterreich, welches damals in Kämpfen mit den Ungarn begriffen war, erst erstarken lassen; eine gewisse einflußreiche Partei predigte Pietätsrücksichten gegen Oesterreich. Dieses Oesterreich begann jedoch natürlich und bekanntlich mit der gewohnten Habsburger Dankbarkeit, sobald es erstarkt war, als mächtigster Feind gegen Preußen zu operiren. „Die Tendenz war aufgetaucht, sagt Freiherr von Czörnig in seinem Werke über die Neugestaltung Oesterreichs, mit Ausschluß Oesterreichs, dessen Kraft man gelähmt glaubte, Deutschland unter die Leitung Preußens zu stellen und die Einheit eines engern Deutschland auf den Beschlüssen der Erfurter Versammlung aufzubauen. Oesterreich leistete auf der Grundlage seines unverjährbaren Rechtes, unterstützt von den deutschen Mittelstaaten, entschieden Widerspruch. Der Lösung des deutschen Bundes nach dieser Richtung entgegenkämpfend, erneuerte es den Frankfurter Bundestag (10. Mai 1850), welcher seine Restauration feierlich aussprach (2. Sept. 1850) und sicherte sich zu Bregenz (11. Oct. 1850) die Zustimmung Baierns und Würtembergs für ein ernstes Vorgehen, um diesem Bundestage auch die Anerkennung seiner Autorität zu verschaffen. Vor der Anwendung der Waffengewalt wich Preußen zurück. Die Olmützer Punctationen führten zu den Dresdener Conferenzen, nachdem durch erstere der Streit zwischen Oesterreich und Preußen ehrenvoll (?!) geschlichtet war. Alle Sonderbundsbestrebungen erloschen . . ., die Bundesversammlung fand wieder allgemeine Anerkennung."

Die Dresdener Conferenzen (vgl. Küpfel S. 550ff.), als letzter Einheitsversuch, gaben ein betrübendes Bild von den Consequenzen des österreichisch-preußischen Dualismus. Preußen sah darin ein Mittel, die Rückkehr zum alten Bundestag zu vermeiden, Oesterreich wollte dort durch seine Pläne Preußen innerhalb des deutschen Bundes zu einer Macht zweiten Ranges herabdrücken, weil es mit seiner ganzen Ländermasse in den Bund treten wollte. Das Werkzeug hierzu sollten die Königreiche werden, deren Eifersucht gegen Preußen Fürst Schwarzenberg zu Gunsten Oesterreichs benutzen zu können hoffte. Der feine Plan scheiterte und es haben die Dresdener Conferenzen wenigstens noch den Beweis geliefert, daß diplomatische Verhandlungen der Fürsten noch weniger als eine Nationalversammlung im Stande waren, eine Form der nationalen Einheit zu schaffen.

Die Einigungsbestrebungen auf dem Gebiet der materiellen Interessen.

Zu entschieden großartigen Resultaten gegenüber denen auf politischem Gebiet gelangten von jeher die Einigungsbestrebungen der Deutschen auf dem Gebiete der materiellen Interessen. Ich will hier blos zwei große, mächtige Institute hervorheben, welche auf diesem Felde durch Vereinigungen der Deutschen geschaffen wurden: den Hansabund und den deutschen Zoll- und Handels-Verein.

Es ist eine selbstverständliche Thatsache, daß die nachtheiligen Einflüsse der Zerrissenheit unserer Zustände von jeher auf sämmtliche Gebiete des nationellen Lebens einwirkten. Die nationale deutsche Handelspolitik mußte ohne ein nationales Gesammtorgan ebenso leiden, als die Macht und Vertretung der Nation nach Außen. Man werfe einen Blick auf das Güterleben der Nation; ihr auswärtiger Handel bringt sie mit dem Ausland vielfach in Berührung, weil sie selbstverständlich nicht alle Güter, deren sie bedarf, selbst erzeugen kann. Millionen vertraut sie täglich in den Erzeugnissen ihrer Industrie auf ihren Kauffahrern dem Meere an, um dafür von fremden Nationen einzutauschen, was sie braucht. Diese Verhältnisse drängen nothwendig dahin, wegen der bestehenden Hafen-, Tonnen-, Leuchtthurms- und Lotsengelder u. s. w. Verträge abzuschließen. Solche Verwaltungsmaßregeln können den einzelnen Staaten unmöglich überlassen werden, ohne jene Nachtheile einer zerstückelten, das Ganze störenden Politik zu erzeugen. Ebendeshalb bedarf die Nation einer einheitlichen Spitze, welche in all' diesen Beziehungen die Vermittelungen mit dem Ausland übernimmt und die Handelsangelegenheiten im Innern ordnet und regelt. Bei der Zerrissenheit Deutschlands konnte eine solche Willensäußerung der Gemeinsamkeit dem Ausland gegenüber nirgends zur Anschauung kommen. Die Nation mußte sich in dieser Beziehung selbst Ersatzmittel für das schaffen, was ihr die Kläglichkeit ihrer politischen Verfassung versagte. Hierin liegt des Ausgangspunkt jener Institute, welche in Betreff der Vertretung Deutschlands nach Außen von so ungemeiner Bedeutung sind. Sie beruhen nicht auf dem schaffenden Gedanken irgend eines großen Mannes, sie sind ihrer Entstehung nach nicht eigentlich Einheitsbestrebungen, sondern Vereinigungen aller derer, die gleiche Interessen haben, Vereinigungen, welche durch die Macht der Verhältnisse geschmiedet wurden und mit der Zeit erst große politische Bedeutung dadurch erlangten, daß sie Deutschland dem Ausland gegenüber vertraten und als Einheit erscheinen ließen.

Wenn uns die Geschichte lehrt, daß alle Kämpfe der Geister, alles muthige Ringen und Streben, alle Verhandlungen einer Versammlung, welche doch aus der Elite der Nation bestand, bisher kein anderes Institut zusammenbrachten, als unsere deutsche Bundes-Acte, wenn wir auf der andern Seite sehen, daß die Macht der materiellen Interessen den Deutschen schon Institute geschaffen hat, die im Ausland Bewunderung erregen und Deutschland diesem gegenüber repräsentiren: so dürfte es gerade jetzt, wo Alles, was deutsche Einheit betrifft, von größter Bedeutung ist, an der Zeit sein, diese Institute etwas genauer zu betrachten und vielleicht aus ihnen im Betreff der Herstellung der jetzt so nothwendigen deutschen Macht Schlüsse zu ziehen. Wir wollen deshalb jene beiden mächtigen Institute: die deutsche Hansa und den Zoll-Verein nach und mit einander betrachten und vergleichen.

1. Die Hansa.

Es wäre eine geschichtliche Unwahrheit, die Hansa als Einheitsbestrebung auffassen zu wollen. Dem Volke fehlte damals gänzlich das Bewußtsein, daß es ein Ganzes darzustellen habe. Adel, Geistlichkeit und Bürgerstand waren eigentlich Staaten im Staate, sie waren coordinirte Gewalten, welche blos thatsächlich unter einem Oberhaupt standen, das sich jedoch um ihre Interessen nicht im Geringsten kümmerte. Nicht das Gefühl und das Streben nach Einheit, sondern gemeinsame Noth veranlaßte die Gründung der Hansa. Die Anarchie des deutschen Reichs, die Fehden der Lehnsherrn und Vasallen, des hohen und niedern Adels, die Unmöglichkeit einer gemeinsamen Rechtsordnung, die Ohnmacht der deutschen Könige: das waren die Factoren, welche nothwendig jenen Zustand erzeugen mußten, den man einfach mit dem Wort Faustrecht bezeichnet hat. In diesem Chaos existirten nun eine Anzahl von Genossenschaften, Corporationen und Individuen, denen die Leitung des Handels zufiel, weil die Idee, daß der Staat dabei oberleitend eingreifen müsse, noch sehr im Verborgenen ruhte. Hatten jene Genossenschaften gleiche Interessen, so hatten sie eben deshalb in damaliger Zeit der Noth gleiche Bedürfnisse. Wollten sie Sicherheit, die allein ihnen gestattete, die Früchte ihres Fleißes selbst zu genießen, die allein sie zu neuer Strebsamkeit anregen konnte, so mußten sie sich diese selbst schaffen, denn der Staat, das Reich gewährte sie ihnen nicht. Das Bedürfniß nach Sicherheit war der Vater der Hansa, jenes Städtebundes zu gegenseitigem Schutz und Trutz in schutzloser und fehdevoller Zeit.

Diese Lage der damaligen Verhältnisse mußte die Hansen darauf hindrängen, ihre ganze Aufmerksamkeit hauptsächlich dem auswärtigen Handel zuzuwenden, weil die endlosen Kämpfe und die Unsicherheit den Verkehr im Innern unmöglich machten, große Marktplätze mit der Lage des Reichs nicht vereinbar waren und künstliche Landstraßen und Posten zur Vermittelung des Verkehrs nicht existirten. Die Hansen waren deßhalb darauf angewiesen, den Zwischenhandel zu cultiviren und haben in der That sämmtlichen Tauschverkehr zwischen dem Norden und Westen ausschließlich beherrscht.

Die Fehden der Hansa mit Waldemar III. von Dänemark gaben zuerst Gelegenheit, den Namen und die Legalität des Bundes ruhmvoll zu verbreiten, und da wo man denselben noch nicht achtete, wußte er sich bald mit starker Hand Achtung zu erzwingen. Die Hansa hat über Königskronen verfügt; sie hat den Handel auf zwei Meeren beherrscht; sie hat ganze Länder ihrer Handelspolitik unterworfen; sie hat selbstständig Kriege geführt und Frieden geschlossen; fremde und einheimische Könige haben sich ihrem schiedsrichterlichen Verfahren unterworfen; sie hat ohne die geringste Hülfe von Kaiser und Reich sich eine mächtige Flotte — allerdings nicht Kriegsflotte in unserem Sinne — geschaffen und Handelsverträge geschlossen, denn das Reich als solches hat nie einen Handelsvertrag unterzeichnet und nie ein Kriegsschiff ausgerüstet; sie hat Deutschland zur See mächtig gemacht und nach Außen kraftvoll repräsentirt.

So wenig trotz all' dieser Macht die Hansa sich selbst, ebensowenig verstanden Kaiser und Reich ihr eine nationale Bestimmung und damit eine große Zukunft zu geben. Sie würde unter solchen Verhältnissen das Reich überdauert und dem auf Kosten des deutschen Handels stolz emporstrebenden Handel andrer Völker sicherlich glücklich begegnet sein. Jener markige Bürgermeister Jürgen Wullenweber, der die Hansa zu einer politischen Macht hatte erheben wollen, der gestützt auf ihre Hülfskräfte den großartigen Plan gefaßt hatte, ein nordisches Reich zu gründen, wodurch zweifellos die Herrschaft der deutschen Seemacht lange gesichert worden wäre, wurde angeklagt, gefoltert und am 24. Sept. 1537 enthauptet. Mit ihm brach die Kraft der Hansa und mit dieser ein mächtiger Pfeiler deutscher Macht.

„Jedenfalls, sagt Sartorius, werden die Bestrebungen der Hansa immer ein denkwürdiges Monument der Emsigkeit, Kühnheit, des stolzen Geistes und der Energie dieser deutschen Bürger sein und bleiben, so lange unter den Menschen nicht alle Achtung für die Entwickelung seltener Kräfte erstorben sein wird.“ In der Hansa weht die selbstständig schaffende Kraft des germanischen Elementes. Die französische Geschichte wird man vergebens nach solch' einem Denkstein nationalen Schaffens durchforschen. Staunenswerthe Fortschritte hat seit jener Zeit der menschliche Geist auf allen Gebieten der Wissenschaft gemacht. Kenntnisse und Aufklärung sind unaufhaltsam bis tief in die untern Schichten der Bevölkerung gedrungen; Dampfmaschinen spotten der Entfernungen zu Wasser und zu Lande, und Telegraphen wetteifern mit der Schnelligkeit des Lichtstrahls in der Verbreitung der menschlichen Gedanken. Und wie eine alte halbverklungene Sage dringen zu dem jetzigen, aufgeklärten Geschlechte die Erzählungen von deutscher Seemacht und deutscher Flotte. Wir rühmen uns unsrer größern Geisteskultur und können jene Erzählungen nur mit Wehmuth vernehmen, denn sie mahnen uns an unsere Ohnmacht. So lange wir nicht so mächtig sind, unsere heiligsten Güter vor dem zu schützen, welcher sie unablässig bedroht, sind diese ein Wahn oder ein Traum, der Morgen vorbei sein kann. Was ist Deine Freiheit und Religion, könnte man noch heute mit dem großen Kurfürsten das deutsche Volk fragen, wenn Andere damit spielen?

2. Der Zoll- und Handels-Verein.

Der nach und nach hervorgetretene Gedanke, daß die Leitung des Handels Sache des Staats, nicht Sache in ihm bestehender Genossenschaften sei, ist der Ausgangspunkt der eigentlichen Zölle. Die bis dahin bestandenen Zölle hatten einen andern Charakter. Jetzt wo der Handel von der Staatspolitik ausgebeutet wurde, erfand diese natürlich eine Masse künstlicher Einrichtungen, welche andere Staaten in ihren Fortschritten aufhalten, der Politik des einen Staats auf Kosten Anderer Vortheile bringen sollten. Deutschland brachte durch seine Verfassung und Zersplitterung eine ganz besondere Anlage mit, dies System in schrecklicher

Weise auszubilden und bei der Herstellung der Bundes-Acte fand sich denn ein Duane- und Mauth-System vor, welches die einzelnen Staaten durch die nach den Principien der Sonderinteressen angelegten Zölle der verschiedensten Art von einander trennte und den Verkehr und somit den Gewerbfleiß empfindlich hemmte. Man erkannte natürlich diese unheilvollen Zustände und Art. 9. der Bundesacte bestimmte deshalb, daß bei der ersten Bundesversammlung in Frankfurt wegen des Handels und Verkehrs der verschiedenen Bundesstaaten Berathungen gepflogen werden sollten. Der Bund hat sich jedoch nie ernstlich dieser wichtigen Angelegenheit angenommen. Die von Arnoldi und List der Bundesversammlung insinuirten Bitt- und Denkschriften, die Herstellung eines einheitlichen Zollsystems betreffend, wurden in rein formeller Weise gerade so wie ein Antrag anf Anlegung einer Etappe durch Reuß behandelt. Dem von Baden vorgelegten Nebenius'schen Entwurf eines deutschen Zoll-Vereins widerfuhr dasselbe Schicksal. Der Bundestag fand die Sache unausführbar und Graf Bernstorff erklärte in seiner Denkschrift vom 29. Januar 1831 klar und unumwunden, die Betreibung der Zoll- und Handelsangelegenheiten durch den Bund müsse als ein gänzlich unpractisches und zweckwidriges Unternehmen betrachtet werden. Die einzelnen Staaten begannen daher mit eigner Kraft auf dem Wege von Separatverträgen das zu erstreben, was die einheitliche Gewalt nicht zu leisten vermochte. An verschiedenen Orten und fast zu gleicher Zeit erhoben sich Stimmen über Reformation des bestehenden indirecten Abgabensystems. In Süddeutschland bekämpfte List das bestehende System und schuf ein neues an dessen Stelle; in Preußen wurden nach Reorganisation des Staates 1815 die leitenden Grundsätze für die neue Gestaltung in dem Gesetz v. 26. Mai 1818 deponirt, welches als Haupttendenz Hinneigung zum freien Handelssystem enthielt und im Wesentlichen dem Zoll-Verein zu Grunde gelegt worden ist.

Es kann hier nicht der Ort sein, die Entstehungsgeschichte des Zoll-Vereins sei es auch nur zu characterisiren. Man weiß, daß der erste unbedeutende Ausgangspunkt desselben der Zollverband zwischen Preußen und den beiden Hessen i. J. 1828 war, daß schon 1834 und 35 Baiern, Würtemberg, Sachsen, die Thüringer Staaten, Baden und Nassau und 1836 die freie Stadt Frankfurt a. M. dem Zollverband beitraten, daß endlich der norddeutsche Steuerverein sich anschloß und daß so in verhältnißmäßig kurzer Zeit jenes mächtige große Gebäude entstand, welches mehr als 33 Millionen Deutsche mit einander verbindet. Die Zollschranken von 27 deutschen Regierungen sind gefallen, auf mehr als 8000 □Meilen ist der innere Verkehr entfesselt. Eine beträchtliche, in stetem Wachsen begriffene Zoll-Einnahme, welche auf die wenigst drückende Weise erhoben ist, fließt in die öffentlichen Kassen und beweist eben durch ihre Zunahme und ihre Natur den sich hebenden innern Wohlstand. Der Zollverein hat, wie einst die Hansa, in der ganzen civilisirten Welt sich Anerkennung und Achtung zu erwerben gewußt. Die verschiedenen Industrie-Ausstellungen haben die Erzeugnisse seiner Industrie verherrlicht und ihm damit manch' neue fruchtbare Bahn eröffnet. Er hat Schifffahrts-, Handels- und Staatsverträge mit fast allen Mächten der Welt abgeschlossen, die sein Interesse berühren: mit Holland (1837 und 39), Großbritannien (2. März 1841), der Pforte (22. October 1840), Belgien (1. September 1844), Griechenland, Portugal und Sardinien (1845 und Staatsvertrag mit Sardinien 20. Mai 1851), Sicilien (12. Mai 1847), Niederlande (31. December 1851), Oesterreich (19. Februar 1853), Persien (25. Juni 1857).

Doch wozu weiter die Bedeutung eines Instituts nachweisen, das in jeder Sphäre für sich selbst spricht, im Inland wie im Ausland. Wir können stolz darauf sein, daß der amerikanische Nationalökonom Carey in seinem neusten Werk: Principles of social science, Philad. 1858 anerkennt, der Zoll-Verein sei „one of the most important events recorded in the history of Europe“.

Consequenzen.

Wir mußten, wie geschehen, den geschichtlichen Verlauf der deutschen Einheits- und Einigungsbestrebungen und deren Resultate kurz und schlicht an uns vorüber gehen lassen, weil aus den letzteren Schlüsse gezogen werden sollen. Drängen wir zunächst das Gefundene in wenige Sätze zusammen, um zu sehen, welche Consequenzen sich ergeben.

1. Seit Jahrhunderten haben die Geister unablässig darnach gestrebt, dem deutschen Volke eine einheitliche starke Verfassung zu geben. Ueberall haben wir das tief innere Ringen und Streben nach Einheit herausgefühlt; immer pulsirte es bald lauter bald dumpfer und scharf trat es bei jedem inhaltreichen Wendepunkt der deutschen Geschichte zu Tage. Es ist nicht erstorben trotz mancher Radicalmittel und die Vorgänge von 1848 haben bewiesen, daß es tief in den untern Schichten der Nation Wurzeln gefaßt hat. Jetzt wieder, wo der ruhelose December-Kaiser uns wach gerufen hat, ist es mit heiliger Gluth zu Tage getreten und mit vollster Ueberzeugung kann man aussprechen: Die Sache wird nicht untergehn, denn sie ist von Gott!

2. Fragen wir aber: was war das Resultat dieser Kämpfe, dieser edlen Begeisterung, dieses unablässigen Strebens? — so haben wir darauf blos die entmuthigende, ja fast vernichtende Antwort: die deutsche Bundesacte von 1815. Daneben freilich die Hoffnung, daß Preußen den gegen den Bund eifernden Patrioten bald zurufen wird: Laßt die Todten ruhn!

3. Eigenthümlich und erfreulich sind hiergegen gehalten die Resultate auf dem andern Gebiet der deutschen Einigungsbestrebungen, auf dem der materiellen Interessen. Wir finden hier zwei große Vereinigungen von deutschen Staaten und Städten. Die eine, die Hansa, hat durch eigne Kraft einst dem Vaterlande eine Flotte hervorgezaubert, die auf zwei Meeren dem deutschen Namen Geltung und Ansehen schaffte. Die andere, der Zoll-Verein, hat sich um das Güterleben der Nation unberechenbare Verdienste erworben und den Fleiß, die Intelligenz und die Bedeutung des deutschen Fabrik- und Handelswesens auf dem ganzen Planeten zu hohem Ansehen gebracht. Deutschland, das schöne, zerstückelte und zersplitterte Vaterland, „the home of decentralisation of Europe, of jealousy of central power,“ dieses in particularistische Interessen getheilte Deutschland ist hier mit einem festen Bande umschlungen und repräsentirt sich auf diesem Gebiete dem Ausland gegenüber als Einheit.

Diese Thatsache giebt Viel zwischen den Zeilen zu lesen.

Wenn uns die Erfahrung lehrt, daß bei Herstellung unserer politischen Einheit mächtige Hindernisse zu überwinden sein müssen, weil es bisher dem angestrengtesten Kampfe manch' tüchtiger Kraft nicht gelungen ist, dieselben zu beseitigen: drängt uns dann nicht in Zeiten wie die jetzigen, wo es gilt, Deutschland vor Allem mächtig zu machen, die Nothwendigkeit darauf hin, einem bereits bestehenden, einheitlichen Bande der Deutschen mehr Gewicht beizulegen?

Der Zoll-Verein hat sich dem Ausland gegenüber schon ein großes Ansehen errungen. Warum verstärken wir nicht diese politische Macht desselben? Warum legen wir beim Zoll-Verein nicht den Grundstein zu jener Macht, durch welche die Hansa das deutsche Vaterland einst zu einer gewaltigen Seemacht gestaltete? Warum greifen wir in die Ferne, ehe wir das Naheliegende gehörig benutzt haben? Der Zoll-Verein ist wahrlich die beste Grundlage für die Einheitsbestrebungen.

Man könnte sagen: weg mit solchem Materialismus! Soll denn die deutsche Einheit durch die Interessen der Krämer zusammengeleimt, soll sie an den Schweif der materiellen Interessen gebunden werden?

Ich entgegne, daß es sich zunächst hierbei blos um eine Grundlage deutscher Einheit, um deutsche Macht handelt. Wenn der Ernst der jetzigen Zeiten Anforderungen zur Gründung einer maritimen Stellung an uns macht, denen der deutsche Bund nicht genügen kann, weil er total unfähig ist, irgend Etwas zu leisten — was hindert uns dann, unser einziges, einheitliches Band, den Zoll-Verein, von einem großen Gesichtspunkte aufzufassen und ihm eine ächt nationale Bestimmung zu geben? Es versteht sich von selbst daß unsere Zustände nicht so bleiben können. Seit dem Frieden von Villafranca sind dieselben die bedenklichsten geworden, die es geben kann und Alles schaut jetzt erwartungsvoll auf Preußen hin. Wie und ob sich unsere Einheitsfrage lösen wird, ruht noch im Schoße der Zukunft. Wenn aber alle Parteien einverstanden sind, daß die **Einheitsfrage** für uns immer eine **Machtfrage** sein wird, daß **also unsere zukünftige Einheit uns in der Zukunft vor Allem Macht schaffen wird und muß**: warum wollen wir Zeit verlieren uns **sofort** eine Macht zu schaffen und so der Einheit dadurch unmittelbar in die Hände arbeiten, daß wir ihr jetzt schon ein Stück Arbeit abnehmen?

Zieht man dazu den Zollverein als Grundlage in Rechnung, so glaube ich nicht, daß man ihn überschätzt. Ich will versuchen, durch Beantwortung der Frage: was ist der Zollverein eigentlich? nachzuweisen, daß er fähig ist, Großes zu leisten, sobald er seine bisherige Aufgabe etwas zu erweitern versteht.

Die innere Natur des Zoll-Vereins.

Neuerdings ist durch die Lehren der Gesellschaftswissenschaft manches helle Licht auf das Wesen des Staates geworfen worden. Dieselbe betrachtet die außer dem Staate, der nothwendigsten und segensreichsten Verbindung der Menschen, sonst noch existirenden Institute der Association und lehrt uns: der Staat kann unmöglich alle Bedürfnisse und Zwecke der durch ihn verbundenen Gesellschaft erfüllen; er ist nicht die einzige Form unter welcher der Menschheit möglich gemacht wird, ihrem Ziele zuzustreben. Man blicke nur um sich, so wird man außer ihm noch mannichfache andere Vereinigungen, Genossenschaften, Corporationen, Lebenskreise, oder wie sonst man sie nennen mag, finden, welche je einzeln ein besonderes, für die Gesellschaft Interesse bietendes Ziel erstreben, und deshalb für das Wohl und Weh der Gesellschaft von ebenso unberechenbarer Bedeutnng sind als der Staat.

Um nur einige Beispiele anzuführen, so denke man zunächst an die Kirche. Sie ist eine mächtige Gestaltung, welche die religiösen, auf das Verhalten der Menschheit zur Gottheit sich beziehenden Verhältnisse regelt. Man fragt oft: was wäre die Menschheit ohne den Staat — mit derselben Berechtigung könnte man fragen: was wäre die Menschheit ohne die Kirche? Man erkennt also und fühlt und weiß, die Kirche sei uns ebenso nothwendig als der Staat. Trotzdem finden wir bei genauer Betrachtung: die Kirche stammt nicht aus dem Staat, sie hat einen ganz andern Zweck als der Staat, sie geht nicht in ihm auf, sie ist eben eine jener Vereinigungen von Menschen, welche neben dem Staate bestehen, und in ihrer Weise ebenso wichtige Zwecke für die Menschheit verfolgen als der Staat, oft aber mit diesem eigentlich nichts weiter zu thun haben. Diese Auffassung beweist sehr einfach den falschen Standpunkt aller Concordate.

Man gedenke ferner an die Stände (Adel, Bürger-, Bauernstand, Geistlichkeit ꝛc.). Oft hat sich allerdings der Staat der Stände bedient. Wir finden durch die Geschichte bestätigt, daß der Staat, wenn er nicht mächtig genug war, seine Autorität der Gesellschaft gegenüber aufrecht zu erhalten, häufig einen Stand zur herrschenden Classe machte, andern Ständen große Vorrechte einräumte ꝛc. Oesterreich bietet gegenwärtig das schlagendste Beispiel. Der Staat wird dort nicht allein fertig, er befolgt deshalb heute in größter Ausdehnung die Lehre des Kaiser Franz und seines Erziehers Colloredo, welche die Religion als einen Kappzaum des Volks ansahen. Will dort die Regierung unter jeder Bedingung auf ihr Banner schreiben: ein Habsburger denkt für Euch Alle! und somit nicht nur im Betreff der Macht, sondern auch im Betreff der geistigen Einsicht die vollkommenste Arbeitstheilung einführen, so wird sie nothwendig einen Stand als Helfershelfer brauchen, welcher durch den Schulunterricht a priori jedes selbstständige Aufstreben des Geistes nivelliren muß. Man hat jetzt die Früchte dieser Aussaat geerntet. Qui non recte instituunt atque erudiunt liberos, non solum iberis sed et rei publicae faciunt injuriam. Das konnten die Habsburger schon von Cicero lernen.

Wie wenig aber die Stände im Staate aufgehen, das beweist hier wiederum das Concordat. Der Stand der Geistlichkeit wirkt dort nicht blos für den Staat, er wirkt auch für sich, seine Pfründen und Klöster, und wir können genau erkennen, welch' bedeutsame Folgen seine gemeinsamen Interessen ganz außerhalb der staatlichen Organisation für Geistlichkeit und Laien, also für Genossen und Nichtgenossen jenes Standes hervorbringen.

Kein Beispiel kann die Lebensfähigkeit und Macht jener Lebenskreise und Corporationen schlagender beweisen als der Stand der katholischen Geistlichkeit mit dem Papst an der Spitze. Macaulay sagt in seinen critical and historical essays bei der Kritik von Rankes history of the papes, translated etc. „Es ist keine Institution stehen geblieden, die in jene Zeiten zurückreicht, wo der Opferrauch von dem Pantheon emporstieg und Giraffen und Tiger in dem flavianischen Amphitheater kämpften. Die stolzesten Königshäuser erscheinen wie von gestern, wenn man sie mit jener Linie „of the supreme Pontiffs“ vergleicht. Diese Linie können wir in ununterbrochener Reihenfolge von dem Papst, welcher Napoleon im 19. Jahrhundert krönte, zurückleiten auf jenen Papst, der Pipin im 8. Jahrhundert krönte; und weit hinter die Zeit Pipins reicht „the august dynasty“ zurück, bis sie im Zwielicht der Fabel verschwindet. Alles geht unter, das Papstthum bleibt. Es besteht nicht etwa als Ruine, als bloße Antiquität — sondern voll Lebens und jugendlicher Kraft. Noch immer sendet es nach den entferntesten Enden der Welt Missionäre, die denselben Eifer haben, wie jene, welche mit Augustin in Kent landeten, noch immer bietet es feindlichen Königen die Stirn mit derselben Unerschrockenheit, mit der es Attila die Stirn bot. Die Zahl seiner Kinder ist größer als in irgend einem frühern Jahrhundert. Die Acquisitionen in der neuen Welt ersetzen das, was in der alten verloren ging“.

Man erkennt schon aus diesen zwei Beispielen, daß jene Interessengenossenschaften, welche dazu dienen, durch Verbindung der Menschen, also durch gemeinsame Kraft irgend ein Ziel zu verfolgen, ganz eigenthümliche menschliche Gestaltungen sind, die man weder mit der Sphäre der einzelnen Persönlichkeiten, noch mit dem Staat verwechseln darf. Mohl — der die Gesellschaftswissenschaft zuerst wissenschaftlich begründet hat — sagt: um sie vom Staate zu unterscheiden, bezeichnete man sie mit dem Wort G e s e l l s c h a f t, und es sind also g e s e l l s c h a f t l i c h e L e b e n s k r e i s e die einzelnen, je aus einem bestimmten Interesse sich entwickelnden natürlichen Genossenschaften. Mohl stellt hiernach die Gesellschaftswissenschaft neben die Staatswissenschaft.

Anders faßt der amerikanische Nationalökonom Carey den Begriff. Er sagt in den bereits erwähnten Principles of social science, von denen bis jetzt zwei Bände erschienen sind (cf. chap. II, of man the subject of social science): „Die Gesellschaftswissenschaft beschäftigt sich mit den Menschen in ihren Streben nach Sicherung und Vervollkommnung ihrer Lage. Man kann sagen: sie ist die Wissenschaft derjenigen Gesetze, durch welche der Mensch in seinem Streben unterstützt wird, sich selbst die größtmögliche Individualität und die größte Macht der Association mit seinen Genossen zu sichern."

Nach Carey würde die Staatswissenschaft in die Gesellschaftswissenschaft gehören, nicht neben sie. Nach seiner Auffassung wird man sagen müssen, der Staat ist zwar die älteste und wichtigste, aber doch immer nur eine jener Associationen von Menschen, welche dem Individuum die größtmögliche Ausbildung seiner Individualität ermöglichen; der Staat, d. h. die politische Gestaltungsform der Gesellschaft wird hiernach nicht als ein besonderes genus, sondern eben als eine species jener Associationen betrachtet werden müssen, die der Gesellschaft die Erreichung ihrer irdischen Bestimmung ermöglichen.

Welche von beiden Ansichten die richtige ist, wage ich nicht zu entscheiden. Jedenfalls geht Carey etwas zu weit, indem er durch seine Gleichberechtigung aller Vereinigungen dem Staate alle Einwirkung auf die neben oder in ihm bestehenden gesellschaftlichen Kreise entzieht. Das geht nicht an; der Staat muß eine obere Leitung ausüben. Es hat Gesellschaftskreise gegeben, die allen Nichtgenossen sehr nachtheilig waren und exclusiv gegen alle auftraten, die sie nicht umfaßten, z. B. die Zünfte. Wollte man dem Staate nicht das Recht einräumen, jeden gesellschaftlichen Kreis in die Schranken seiner Aufgabe zurückzuweisen, so würden wir bald lauter Priesterstaaten haben; das beweisen die immer mehr zunehmenden Concordate, welche allemal ein Beweis sind, daß der Staat zu schwach ist, den Stand der Geistlichkeit in die ihm zukommende Schranken zurückzuweisen.

Dies beiläufig. Für uns ist die Hauptsache, daß die Gesellschaftswissenschaft, indem sie das Wesen und die Natur der bestehenden Interessengenossenschaften erforscht, einer segensreichen, aber bisher wenig anerkannten Wahrheit in die Hand arbeitet. Sie lehrt eben: der Staat ist nicht das alleinseligmachende und Alles bewirkende Institut. Wollt ihr einen großen Zweck erreichen, so vereinigt euch und arbeitet mit eigner Kraft. Erwartet nicht die Erfüllung jeder Euch am Herzen liegenden Aufgabe von der staatlichen Organisation; durch Begründung einer lebensfähigen Vereinigung könnt ihr sie selbst erstreben und es ist auf diesem Wege schon Viel erstrebt worden, was die staatliche Organisation der Gesellschaft nicht zu leisten vermochte.

Ich glaube man muß auf diese Lehren der Gesellschaftswissenschaften recurriren, wenn man das eigentliche Wesen des Zoll-Vereins erklären und verstehen will, und mit dieser Behauptung wird man vielleicht den obigen Excurs entschuldigen.

Der deutsche Zoll- und Handels-Verein ist zunächst eine Vereinigung von souveränen Staaten und Städten, aber seine Macht besteht zweifellos darin, daß die nächsten und tiefsten Interessen von mehr als 33 Millionen Deutschen mit dieser Staatenvereinigung in mehr als einem Punkte zusammenhalten, mit ihr Hand in Hand gehen. Er ist also factisch mehr als eine bloße Verbindung souveräner Staaten; nicht darin, sondern auf seiner gleichsam populären Grundlage beruht seine Lebenskraft und Bedeutung. Er ist eine Interessengenossenschaft, die ein Ziel erstrebt, welches die Bundesverfassung und deren Organe den Deutschen zu gewähren nicht im Stande war; er verschaffte den durch ihn verbundenen Staaten, deren gegenseitiger Verkehr vorher durch drückende Fesseln gehemmt und gelähmt war, Freiheit des Handels und des gewerblichen Verkehrs, und ein gemeinsames Zoll und Handelssystem; er führte durch jene Entfesselung der Gewerbe, durch jenes Erweitern des Marktes die durch ihn verbundenen Staaten und deren Angehörige zu größerm Wohlstand, jener wichtigen Grundlage der Bildung. Aber bald erwachte das Bedürfniß, nicht allein mit sich zu verkehren, sondern auch mit dem Ausland in Verbindung zu treten. Der Erstarkung des innern Verkehrs schloß der Zoll-Verein daher die Belebung des auswärtigen an, indem er den auswärtigen Handel in das Bereich seiner Aufgabe zog. Er schloß, wie wir sahen, mit fast allen Mächten der Welt, die für ihn Bedeutung hatten, Schifffahrts- und Handels-Verträge ab und verschaffte so dem Verkehr seiner Angehörigen mit jenen Staaten nicht nur jede mögliche Erleichterung und Erweiterung, sondern repräsentirte zugleich Deutschland als einheitliche Macht in Europa und jenseits der Meere.

Obgleich das Ziel, welches der Zoll-Verein erstrebt, für alle deutschen Staaten von tiefer Bedeutung ist, hat er doch mit dem deutschen Bunde, also der politischen oder staatlichen Organisation der

Deutschen, gar nichts zu thun; er besteht ganz unabhängig von demselben, er geht nicht in ihm auf, weil er nicht alle deutschen Bundesstaaten umfaßt; er reicht eben blos so weit, als sein Interesse reicht.

Man sieht der Zoll-Verein gehört in das Gebiet jener naturwüchsigen Lebenskreise und Vereinigungen, welche aus Interessengemeinschaft entstehen und berufen sind, durch die vereinte Kraft der durch sie Verbundenen ein gemeinsames Ziel zu erstreben.

Um nun die im Zoll-Verein ruhende Kraft zu würdigen, vergegenwärtige man sich die Resultate, welche von jeher durch jene Vereinigungen, durch das einheitliche Zusammenwirken von Corporationen, Individuen und Kapital erzielt worden sind. Dieterici hat darauf hingewiesen, wie in der alten Egypter-, Perser- und Römerzeit despotische Gewalt über Hunderttausende von Menschenkräften gebieten mußte, um große Werke zu vollenden und wie in der neuesten Zeit durch die Association freier Menschen und das durch Fleiß, Sparsamkeit, Intelligenz und Industrie derselben mächtig angesammelte Kapital die bewunderungswürdigsten Werke hergestellt werden. Man denke, um das eclatanteste Beispiel anzuführen, an die Eroberung des indischen Reichs durch eine Handelsgenossenschaft, welche sich zu Ende des Jahres 1600 unter dem Namen „Gesellschaft der nach Ostindien handelnden Kaufleute von London" gebildet und ein 15jähriges Privilegium für den exclusiven Handel nach allen Ländern von Asien, Afrika u. s. w. erhalten hatte. Mohl sagt in seiner Monographie über die Staatsschriften und Reden englischer Staatsmänner, es gleiche jene Erwerbung fast einem orientalischen Märchen. Geradezu für wahnsinnig wäre der erachtet worden, der es als möglich vorausgesagt oder der gar einen Plan dazu gemacht hätte, daß ein Reich von weit über 100 Millionen Einwohnern auf der andern Seite der Erdkugel von einer Actiengesellschaft erobert werde; die kriegerischsten Stämme besiegt und in Unterwürfigkeit gehalten werden durch ein von Fremden im Lande selbst geworbenes Heer u. s. w. Und dennoch hat jene Handelsgenossenschaft dies Unglaubliche geleistet. Man denke an die obenerwähnte Macht der Hansa, welche recht eigentlich ebenfalls zu jenen Gebieten gehört, auf deren große Bedeutung die Gesellschaftswissenschaft aufmerksam gemacht hat. Sie hat sehr Vieles mit dem Zoll-Verein gemein; denn war auch ihr nächster Zweck Betreibung und möglichste Ausbreitung des auswärtigen Handels, zu dessen Schutz die Hansen sich gegenseitige Hülfe zu Wasser und zu Lande zusagten, so finden sich doch auch Bestrebungen vor, welche unzweifelhaft beweisen, daß die Hansen auch den innern Handel cultivirten. Zu welchem Zweck sollten sie sonst mit so unermüdetem Eifer die Herstellung verschiedener Wassercommunicationen im Innern betrieben haben. Hatten so beide Institute nur in verschiedenem Grade die Erweiterung und Ausbreitung des innern und auswärtigen Handels zum Zweck, haben beide Deutschland dem Ausland gegenüber, jedes in seiner Art, würdig repräsentirt, was Reich und Bund nie vermochten, so liegt es wahrlich nahe, aus der Hansa für den Zoll-Verein in Betreff einer deutschen Flotte fruchtbare Consequenzen zu ziehen. Im Betreff der Herstellung einer Flotte würde der Zoll-Verein gegenüber der Hansa entschieden im Vortheil sein. Kaiser und Reich haben sich nicht im Geringsten um die Hansa bekümmert, während die betheiligten Regierungen das größte Interesse haben, wenn es sich darum handelt dem Zoll-Verein eine größere Bedeutung zu geben, durch Matricularbeiträge thätig mitzuwirken. —

Diese Ausführungen genügen vielleicht zu dem Beweise, daß der Zoll-Verein seiner innern Natur nach eine starke, lebensfähige Macht ist. Aber das waren zunächst ja blos abstracte Theorien über die Lebensfähigkeit von Interessengenossenschaften. Die Hauptfrage wird immer sein: ist der Zoll-Verein in Wirklichkeit, in concreto eine Vereinigung, die allen Anforderungen entspricht, welche man nothwendig an ein Institut machen muß, auf dessen Basis ein nationales Institut errichtet werden soll?

Wir wollen demnächst sehen, inwieweit der Zoll-Verein bereits jene Basis wirklich bildet und durch welche Mittel er sich leicht zu derselben vollständig machen kann.

Der gegenwärtige Zoll- und Handels-Verein und die Erweiterung seiner Aufgabe.

1. Der Zoll-Verein ist eine Vereinigung von souveränen deutschen Staaten, die ihren Schwerpunkt in Preußen haben. Gerade dies ist zunächst ebenso wichtig, wie der Umstand, daß er Oesterreich nicht mit enthält. Der Anschluß Oesterreichs konnte nach dem bisherigen Stand der Sache nur nachtheilig für den Zoll-Verein wirken; man bedenke daß dieser seinem Wesen nach eine Interessengenossenschaft ist, folglich sein Gebiet blos soweit ausdehnen konnte, als seine Interessen reichen. An Oesterreich hatte er bis jetzt kein Interesse, wegen der dort bestehenden Monopole, hohen Schutz- und Eingangszölle, wegen der dort unmöglichen Repartition der Zolleinkünfte nach der Kopfzahl, wegen der bestehenden österreichischen Papier- und sonstigen Geldverhältnisse ꝛc.

Wenn wir daher bei Herstellung einer Zoll-Vereinsflotte von Oesterreich absehen müssen, weil es zufällig nicht zum Zoll-Verein gehört, so ist das für das herzustellende Werk ein großes Glück. Daß es ein Glück ist, daran sind weder wir schuld noch die Deutschen in Oesterreich, sondern lediglich die gebieterische Macht jener eigenthümlichen Verhältnisse, welche in gewisser Weise fordern, daß die österreichische Regierung das Wohl ihres Gesammtstaates den deutschen Interessen vorziehe. Oesterreich stellt an die Spitze seiner Politik: in unserm Staate sind so viele Nationalitäten vereinigt, daß sie, um Ruhe zu erzielen, alle erdrückt werden müssen. Es hat also nicht nur kein Interesse an einer freiern, nationalen Gestaltung der deutschen Verhältnisse, es muß dieser sogar überall in Consequenz des Selbsterhaltungstriebes entgegentreten, denn sobald es die deutsche Nationalität einer andern vorzieht, begeht es seinen Principien nach eine Ungerechtigkeit gegen die andern Nationalitäten. Man mag deßhalb gegen das Princip der österreichischen Politik streiten, aber nicht ewig und nutzlos die nothwendigen Consequenzen derselben tadeln oder beklagen, denn sie gehen aus der Natur der Sache hervor. „Ein deutsches Oesterreich ist ebenso unmöglich wie ein nicht deutsches Preußen.“ Im österreichischen Staate ist durch Metternich das strenge Festhalten an den Principien der einmal eingeschlagenen Politik zum Grundsatz, zur Tradition geworden. Kein Habsburger und kein österreichisches Ministerium wird von dieser Bahn abweichen, denn beide werden in dem Geiste jener Politik herangebildet. In dem gewohnten Gleise wird Alles ruhig fortgehen bis ganz außerordentliche Ereignisse hereinbrechen oder bis dem habsburgischen Stamme einmal beschieden ist, einen Sproß zu erzeugen, dessen Geisteseigenschaften über die des mittlern Menschen hinausragen, was freilich bisher durch manche Generation hindurch nicht der Fall war. Der deutsche Bund ist recht eigentlich wie dazu geschaffen, den österreichischen Gegenmachinationen die vortrefflichsten Dienste zu leisten und man beobachte einmal, mit welch' seltener Sorgsamkeit Oesterreich den deutschen Bund hegt und pflegt. So lange dieser in der bisherigen Form bestehen bleibt und Oesterreich durch denselben gegen alle deutschen Interessen consequent und zäh operiren kann und operiren wird, so lange bleiben wir Deutschen ein armseliges, ohnmächtiges Volk. Man muß daher mittelst des Zoll-Vereins die einzelnen Staaten an Preußen fesseln; diejenigen Staaten, die mit Oesterreich den Bund behalten wollen, mögen ihn doch behalten.

2. Zu jenem ersten Punkte, daß der Zoll-Verein Oesterreich nicht mit einschließt, kömmt ein zweiter, welcher diesen als vortheilhafte Basis für ein nationales Werk erscheinen läßt. Oesterreich kann nämlich durch den Bund nicht gegen die Herstellung einer Zoll-Vereinsflotte operiren, weil der Zoll-Verein mit dem Bunde in gar keinem Connex steht. Auch dieser Umstand ist von größter Wichtigkeit.

3. Der Zoll-Verein umfaßt gegenwärtig 38,461,856 Seelen. Nicht zum Zoll-Verein gehören außer Oesterreich: die Hansestädte Bremen, Hamburg und Lübeck, sodann Holstein, Lauenburg, Liechtenstein, (welches mit Oesterreich zollvereint ist), Luxemburg, Limburg und die beiden Mecklenburg. Diese zum Bunde aber nicht zum Zoll-Verein gehörenden deutschen Staaten und Städte haben zusammen 6 Millionen Einwohner.

Fragt man nun was der Grund gewesen ist, warum die Hansestädte und Küstenstaaten (als die zunächst wichtigsten) bisher dem Zoll-Verein nicht beigetreten sind, so würden die Hauptgründe folgende sein:

In den Hansestädten sind wie ihr Name sagt, noch die Traditionen der Hansa wirkend; ihr Lebenselement ist der Zwischenhandel, der sie wie einst die ganze Hansa, reich gemacht. Die Lebensluft des Zwischenhandels ist Freiheit von allen hemmenden Schranken und leichte Beweglichkeit; beide haben in dem Freihafensystem von Hamburg, Bremen und Lübeck ihren Ausdruck gefunden. Sollten von allen in diesen Häfen eingehenden Waaren nach dem Vereinstarif Zölle erhoben werden, so würden dadurch dem hanseatischen Zwischenhandel die größten Nachtheile erwachsen. Außerdem bietet der Zoll-Verein jenen Staaten bis jetzt gar keine Vortheile. Er ist ja keine Macht, welche deren Eigenthum, das zum größten Theile immerwährend auf dem Meere schwimmt, im Fall eines Krieges selbst gegen die unbedeutendste Seemacht schützen könnte. Der Zoll-Verein würde, indem er den Hansestädten die Beweglichkeit und Freiheit ihrer Seeschifffahrt und ihres Seehandels raubte, ihnen in erster Stelle und sich selbst in zweiter Stelle dadurch sehr viel schaden. Wir würden an Zwischenhandel verlieren, und was uns daran verloren geht, kann nirgends in Deutschland wieder ersetzt werden.

Dieselbe Tendenz im Betreff des Zwischenhandels herrscht wenn auch in geringerm Grade, bei den Küstenstaaten vor, und es kömmt bei ihnen noch hinzu, daß sie ein großes Interesse haben, durch die Schifffahrt möglichst rasche Abzugsmittel für ihre Bodenprodukte zu haben, weil Ackerbau ihren Hauptnahrungszweig bildet; sie bedürfen sodann zum Schiffbau einer Masse ausländischer Fabricate, die sie gern zollfrei beziehen. Ihre ganze Lebensweise, die Seeluft ꝛc. nöthigt sie außerdem zum reichlichsten Verbrauch aller Colonialproducte, Wein ꝛc., die sie sich selbstverständlich nicht durch hohe Zölle vertheuern wollen.

Die Steuerverfassung des Zoll-Vereins ist es also, welche bisher die nicht zu ihm gehörigen Seehandel treibenden Staaten und Städte vom Anschluß abgehalten hat.

Es drängt sich vor Allem die Frage in den Vordergrund: *was muß der Zoll-Verein thun, um die genannten Staaten und Städte*, welche bisher noch nicht zu ihm gehörten, abgesehen von wirklichem Anschluß, *wenigstens in sein Interesse zu ziehen?*

Dazu bedarf es einer Erweiterung der bisherigen Aufgabe des Zoll-Vereins. Soll er dasjenige Institut sein, dem eine deutsche Flotte anvertraut werden kann, so ist nothwendig, daß er, um seine eigentliche deutsche Aufgabe zu erfüllen, sich ein weiteres Ziel stecke. Es mögen hier die hauptsächlichsten Punkte hervorgehoben werden, auf denen seine Weiterentwickelung beruhen muß.

I. Nachdem die Zollschranken von siebenundzwanzig Staaten im Innern gefallen, ein Markt von mehr als 33 Millionen Consumenten hergestellt und die Fabrik- und Manufactur-Industrie mächtig gehoben worden; nachdem der Ackerbau des Vereinsgebiets durch die gesteigerte Nachfrage nach Naturproducten einen hohen Aufschwung genommen; nachdem mancherlei gemeinsame Einrichtungen im Betreff des Handels und Verkehrs im Innern geschaffen, die Finanzen der Zollvereins-Staaten gestärkt und Kräfte, deren Vorhandensein man bisher kaum geahnt, erweckt worden sind; nachdem „dieses große Ganze in einer gewissen Vollendung vor den freudigen Blicken seines Volkes und den erstaunten der Welt" so manches Jahr dagestanden — da muß denn nun endlich auch die kraftvolle Erstrebung einer gemeinsamen deutschen Handelspolitik auf das Panner des Vereins geschrieben werden.

Man muß endlich aufhören, den Zoll-Verein lediglich als das vortheilhafteste Institut für die Erhebung indirecter Steuern zu betrachten. Diese Wirkung desselben muß als eine höchst segensreiche bestehen bleiben, sie hindert aber durchaus nicht, den Zoll-Verein bei der ungeheuren Ausdehnung, die er jetzt hat, von einem andern Gesichtspunkt aufzufassen. Er muß nothwendig eine deutsche, handelspolitische Einheit bilden. Sobald der Zoll-Verein die Verwirklichung dieser Aufgabe auf sein Panner schreibt, fallen ihm alle bisher noch nicht zu ihm gehörigen deutschen Staaten zu (natürlich aus den angegebenen Gründen mit Ausnahme Oesterreichs). Die gesammten deutschen Staaten und Städte (excl. Oesterreich) haben eine Handelsflotte, welche aus etwa 3459 Seeschiffen besteht (die Kriegsschiffe von Preußen und Mecklenburg-Schwerin natürlich ungerechnet). Davon kommen

auf die zum Zoll=Verein gehörigen Staaten: Hannover, Oldenburg und Preußen . . . . . 2248 Seeschiffe,
auf die nicht zum Zoll=Verein gehörigen Staaten und Städte: Bremen, Hamburg, Lübeck und Mecklenburg=Schwerin 1211
3459 Seeschiffe.

Sobald von handelspolitischer deutscher Einheit die Rede sein soll, müssen nach diesen Zahlen natürlich und selbstverständlich diese Städte und Staaten vom Zoll=Verein mit in sein Interesse gezogen werden; sobald er eine gemeinsame, deutsche Handelspolitik erstrebt, braucht er vor Allem die Mitwirkung der Hansestädte und Küstenstaaten. Stellt der Zoll=Verein eine deutsche Navigations=Acte auf, die natürlich zunächst wenigstens einige schützende Kriegsschiffe zur Basis haben müßte, welche die Nation zu schaffen hat; bietet der Zoll=Verein den bisher noch nicht zu ihm gehörenden Staaten das ihnen bis jetzt fehlende Gewicht einer imponirenden, commerziellen Stellung, welche auf nationaler, deutscher, gemeinsamer Kraft beruht — so sind der Zoll=Verein und jene Staaten im Nu ein Herz und eine Seele, denn nur dadurch wird ja jedem Staat die größte Geltendmachung seiner Kräfte ermöglicht. In wie weit dieser Umstand dazu beitragen würde, daß die Hansestädte einerseits deutsche Waaren bei der Ausfuhr vor Allen andern begünstigen würden, daß der Zoll=Verein andrerseits den Handel der Hansestädte mehr als bisher zu beschäftigen und zu beleben suchen würde — inwieweit diese Umstände also nothwendig einen wirklichen Anschluß befördern müssen, das kann hier blos angedeutet werden. —

Um das große Interesse, welches die bisher nicht zum Zoll=Verein gehörenden, seehandeltreibenden Staaten an einer gemeinsamen deutschen Handelspolitik haben, sich noch klarer zur Anschauung zu bringen, betrachte man einmal den sogenannten, deutschen auswärtigen Handel.

Mögen die Schifffahrt und der auswärtige Handel Deutschlands sich den Verhältnissen nach noch so sehr entwickelt haben, so ist doch, wie Duckwitz sehr richtig bemerkt, diese Entwickelung gewissermaßen der

Duldung fremder Nationen überlassen, weil es nur von diesen abhängt, durch ihre Gesetzgebung deutschen Handel und deutsche Schifffahrt in beliebig zu bestimmende enge Grenzen einzuschließen. Es gibt eigentlich bis jetzt keinen selbstständigen deutschen, internationalen Handel! Derselbe ist sehr stark mit fremdem Zwischenhandel vermischt, er wird durch fremden Handel bedrückt, er ist dem internationalen Handel andrer Länder nicht gleichberechtigt. Das ist für unsere materiellen Interessen ebenso nachtheilig, als es für uns selbst unwürdig ist. Unsere Ehre wie unser Interesse fordern, daß wir uns einigen, um unsern Handel selbstständig zu betreiben und nöthigenfalls zu schützen. Es ist eine bekannte Sache, wie England unsere Schwäche auszubeuten versteht, und man hat genugsam an Beispielen gezeigt, wie selbst der kleinste Handelsstaat die Unfähigkeit der Deutschen, ihre Interessen mit gemeinsamer Kraft zu wahren, sich zu Nutze macht.

Man betrachte doch einmal die uns von England gewährte, sogenannte Reciprocität. England hat sich in allen seinen Verträgen gewisse Traditionen seiner Navigationsacte von 1651 vorbehalten, gegen die so lange keine Retorsionsmaßregeln ergriffen werden können, als es an einer einheitlichen deutschen Handelspolitik fehlt. Man darf sich darüber nicht täuschen. Die englischen Zugeständnisse an Preußen im Vertrage vom Jahre 1824 lassen sich mit den preußischen Zugeständnissen an England gar nicht vergleichen. Preußen hatte durch seine Cabinetsordre vom 20. Juni 1822 zuerst den Anfang gemacht, gegen England Retorsionsmaßregeln im Betreff der Alien duties wirklich zu ergreifen und hatte außerdem mit andern gedroht. Man hatte bis dahin beim Eingang von Waaren zur See nicht gefragt, ob das Schiff preußisch oder fremd sei; das preußische Schifffahrts-Recht kannte einschränkende Bestimmungen bis dahin blos im Betreff der Cabotage. England dagegen lebte und webte seit langer Zeit in den ausschließlichen Begünstigungen seiner Navigationsacte und spätern Schifffahrtsgesetzen (Act. 3 und 4 Wilhelm IV. von 1833). Durch das Aufgeben eines Minimums seiner Begünstigungen erreichte es das Aufgeben sämmtlicher von Preußen zu Ungunsten englischer Schiffe bereits ergriffener und beabsichtigter Maßregeln. Das nennt England Reciprocität, ähnlich wie man dort „Lifepreserver“ (Lebensretter) ein Instrument nennt, womit die Leute todtgeschlagen werden.

Erst nachdem Dr. Bowring seinen Landsleuten die Bedeutung des Zoll-Vereins als eine Macht bezeichnet hatte, deren Wirkungen für England nicht gleichgiltig sein und werden könnten, wurde man zu etwas mehr Gegenseitigkeit bestimmt und wich in dem Vertrag mit Preußen und dem Zoll-Verein v. J. 1841 von der bisherigen Strenge etwas ab. Daß auch in diesem Vertrage Vieles bloßer Schein ist, leuchtet Jedem ein, der die Sache genauer betrachtet. England verwilligt Etwas und der Zoll-Verein Alles. Damit hat man das Verhältniß am richtigsten bezeichnet.

Die Schuld solcher Benachtheiligungen schiebe man nicht auf die Engländer, sondern bekenne ganz offen: Wir Deutsche sind hieran Schuld; wir sind ein Volk, welches sich fremden Nationen gegenüber auch nicht einmal unter dem Begriff der Schifffahrt und des Handels zur Idee einer völligen starken Gemeinsamkeit erheben will und verdienen deshalb vollkommen die uns zugetheilte Rolle, der Spielball fremder Interessen zu sein. Den größten Theil unseres Zwischenhandels lassen wir uns gutwillig von Holländern, Engländern ꝛc. entziehen. Deutschland besitzt den außereuropäischen Ländern gegenüber alle Bedingungen zu einem lebhaften Handelsverkehr. Statt unsere Bedürfnisse an Colonialartikeln direct von den Erzeugungsländern auf eigenen Schiffen selbst zu holen, und gegen die Erzeugnisse unserer Industrie einzutauschen, überlassen wir das zu nicht geringem Theil andern Nationen, welche sie natürlich dort nicht gegen unsere, sondern ihre eigenen Erzeugnisse eintauschen. Alle die Zufuhren, welche wir durch die Schiffe anderer Nationen erhalten, verlieren ihren Werth als Tauschmittel für den Absatz deutscher Fabricate. Es leidet also dadurch deutsche Industrie, Schifffahrt und deutscher Seehandel. Insoweit die beiden letztern leiden, leiden natürlich vor Allem darunter die Hansestädte; sie haben also das höchste Interesse mit dem Zoll-Verein zu gehen, wenn dieser die Leitung einer gemeinsamen deutschen Handelspolitik übernimmt.

Und wodurch könnte nun unser internationaler Handel zu einem selbstständigen deutschen Handel umgeschaffen werden?

Die Frage berührt die Differentialzoll-Verträge, die man wohl im Allgemeinen als außer Cours gesetzt ansehen kann. England, als erster handeltreibender Staat besitzt gegenwärtig keinen einzigen Vertrag über „discriminating duties“ von denen es früher so häufigen Gebrauch machte. Im Zoll-Verein findet sich bisjetzt blos im Vertrag mit Belgien ein Anklang an das Differential-Zollsystem, so daß man also bestimmt sagen kann, er neigt nicht diesem System zu.

Der gesammte bisher gemischte deutsche Zwischenhandel könnte sofort zu einem rein deutschen Handel umgeschaffen werden durch ein einziges vom Zoll-Verein zu erlassendes deutsches Schifffahrts-Gesetz, welches bestimmte, daß in allen deutschen Häfen jede fremde Flagge, in deren Heimathshäfen die deutsche Flagge nicht der nationalen, in Bezug auf Schifffahrtsabgaben vollkommen gleichgestellt ist, durch einen Extrazoll getroffen werden soll. Höhe und Art desselben wären näher zu bestimmen.

Diesen Vorschlag hat bereits die hamburger Commission gemacht, welche über die Aufgabe der Hansestädte gegenüber dem Zoll-Verein sowie über eine gemeinsame deutsche Handelspolitik zu berichten hatte. Die ausgezeichneten und gründlichen Arbeiter derselben verdienten mehr Berücksichtigung als ihnen bisher zu Theil geworden ist. Neben diesen Arbeiten liegen noch anerkannt vortreffliche Vorschläge von Duckwitz vor, über Herstellung eines deutschen Handels- und Schifffahrts-Bundes. Obgleich diese Arbeiten die wichtigsten Interessen der Nation berühren, verstäuben sie doch nutzlos in den Bücherregalen der Gelehrten und öffentlichen Bibliotheken und unsere kläglichen Verhältnisse bleiben dieselben. Es bedürfte blos der Initiative einer Zollvereinsregierung, denn die Regierungscommissarien haben ohne Instruction nicht das geringste Interesse, solche Fragen zur Sprache zu bringen.

II. Man nennt den Zoll-Verein einstimmig den Vorläufer einer gemeinsamen, deutschen Handelspolitik. Wie lange soll er denn eigentlich der Vorläufer bleiben? Bisher ist die Idee vorherrschend gewesen, erst dann würde ein einheitliches Handeln möglich sein, wenn ein allgemeiner Anschluß an den Zoll-Verein stattgefunden habe. Diesen Schluß muß man, wenn er richtig werden soll, geradezu umkehren: erst dann wird ein allgemeiner Anschluß aller Staaten an den Zoll=Verein ermöglicht, wenn dieser die Herstellung einer einheitlichen deutschen Handelspolitik zu seiner Aufgabe macht. Dadurch muß er nothwendig zur commerciellen Einheit Deutschlands werden, als welche er bisher nicht auftreten konnte, wenn er auch natürlich immer blos verhältnißmäßig viel in dieser Beziehung geleistet. Man darf sich nicht täuschen, daß zwischen dem, was der Zoll=Verein factisch geleistet und was er hätte leisten können, ein großer Unterschied obwaltet. Will der Zoll=Verein jene Aufgabe vollständig lösen, so bedarf er dazu einer Abänderung seiner Verfassung. Der ganze Zauber liegt in dem einzigen Wort:

Ein Zollvereins=Parlament.

Was den deutschen Bund zu jenem bedeutungslosen Institute gemacht hat, ist der Mangel der nationalen Vertretung. Beim Bunde sind die Dynastien, nicht die Nation vertreten. Ganz ähnlich ist es mit dem Zoll=Verein. Er ist, wie wir sahen, ein Verein souverainer Staaten, mit welchem die wichtigsten und tiefgehendsten Interessen von mehr als 33 Millionen Deutschen in mehr als einem Punkte zusammenfallen. Man mache sich diese beiden Richtungen des Zoll=Vereins ganz klar und betrachte sodann die Zollconferenzen, wo über die Interessen dieses Instituts getagt wird. Da erscheinen lediglich Regierungsabgeordnete mit Instructionen, normiren die definitive Abrechnung über die gemeinschaftlichen Einnahmen, berathen vom Standpunkt der Zolleinnahme über Abänderung des Tarifs und der Zollordnung u. s. w. — und wer vertritt die Interessen jener 33 Millionen Deutschen? Niemand. Blos die Regierungen, nicht im Mindesten die Nation ist beim Zoll=Verein vertreten. Mit Recht hat schon die Hamburger Commission hervorgehoben, die Sorge für Handel und Schifffahrt sei eine nationale Angelegenheit. Glaubt man an die Befähigung und Berechtigung der deutschen Nation, bei Ordnung ihrer Angelegenheiten, gleich andern Völkern selbst mitzuwirken, anstatt sich von Regierungsbeamten bis ans Ende der Tage bevormunden zu lassen, so muß auch der Zoll=Verein die rein büreaukratische Vertretung mit der parlamentarischen vertauschen. Jene war bisher der Grundpfeiler aber auch der Grundfehler des großen Gebäudes.

Man denke sich einmal eine Conferenz des Zoll-Vereins, auf der neben den Abgeordneten der Regierungen von jedem Staate ein Volksvertreter erscheint, man denke sich beide Vertretungen des Volks und der Regierungen zu einer Kammer vereinigt und lasse über die wichtigsten Fragen des deutschen Handels- und Verkehrswesens parlamentarisch verhandeln und dann die Majorität entscheiden, nicht mehr wie bisher das allen psychologischen sowie allgemein menschlichen und staatlichen Grundsätzen widersprechende Princip der Einstimmigkeit — so würde der Zoll-Verein für uns Deutsche bald ein Institut werden, über dessen kaum geahnte Macht und Bedeutung in volkswirthschaftlicher wie politischer Beziehung uns mit einem Male die Schuppen von den Augen fallen. Durch den Umstand, daß man den Zoll-Verein, ich möchte sagen, zu einem politischen Institute macht, wird ein Feld erschlossen, auf dessen intensive Fruchtbarkeit man die Aufmerksamkeit deutscher Patrioten rebus sic stantibus nicht genug hinleiten kann. Man mache sich einmal ein klares Bild von dem gegenwärtigen Zoll-Verein und seinen Mängeln — und von der Macht und Bedeutung desselben, sobald das nationale Element in ihm zur Mitwirkung gelangt: In dem letzteren Umstande liegt der geeignetste Schlüssel zur deutschen Einheit. Sapienti sat!

„Es hat, heißt es in dem genannten hamburger Bericht, dem deutschen Volke nie an Männern gefehlt, welche durch Lebenserfahrung und Sachkunde geeignet wären, seine Anliegen genügender zu vertreten, als es einer noch so fähigen Büreaukratie gelingen könnte, die nicht im Leben wurzelt, sondern ihre Richtung aus Abstractionen oder aus den in den höchsten Kreisen accreditirten Vorstellungen entnimmt."

Der Zoll-Verein wird sich einer Abänderung manches Punkts seiner Verfassung nicht entziehen können. Abgesehen davon existirt bis jetzt kein Institut von so umfassend deutscher Basis als der Zoll-Verein. Er ist daher die empfehlenswertheste Grundlage einer deutschen Flotte. Sobald er durch Erstrebung einer handelspolitischen Einheit die nicht zu ihm gehörenden, seehandeltreibenden Staaten und Städte in sein Interesse zieht, die ja wegen des Schutzes ihrer Handelsflotten und Küsten das größte Interesse haben, in diesem Punkte gemeinschaftlich mit ihm zu operiren, so würden auf der Grundlage des Zoll-

Vereins etwa vierunddreißig deutsche Staaten mit in runder Summe nahe an 40 Millionen Deutschen die Herstellung einer deutschen Flotte erstreben.

Nochmals eine deutsche Flotte ohne Herrn herrichten zu wollen, ist sehr bedenklich. Man mag also den Zoll-Verein als den geeignetsten Anknüpfungspunkt in Rechnung ziehen.

Die handelspolitische Bedeutung einer Zollvereinsflotte.

Es ist nicht blos unsere politische Ohnmacht, die uns drängt, eine maritime Macht zu erstreben; es existiren noch andere, drängende Factoren. Es giebt jetzt gerade Interessen der Nation zur See zu vertreten und handelspolitische Vortheile zu erringen, deren wir auf ewig verlustig gehen, wenn wir keine Flotte schaffen.

Es wird Niemand verkennen, daß im Verlauf der letzten Jahre durch die Macht der Intelligenz, durch das Intensiverwerden der Cultur und die Allgewalt der neuen Erfindungen in dem gegenseitigen Verhalten der verschiedenen, civilisirten Völker sowohl, als insbesondere zwischen ihnen und der mongolischen Race großartige Veränderungen eingetreten sind. Durch die Eisenbahnen, Dampfschiffe und Telegraphen ist eine Richtung angebahnt worden, die man mehr und mehr ausbeutet und verfolgt. Die alte und die neue Welt gehen damit um, durch große internationale Verkehrsstraßen die Völker und durch riesige Kanäle die Meere einander gleichsam näher zu rücken, dem Verkehr die Fesseln abzustreifen und durch innigere Verbindung der verschiedenen Völker eine ungehemmtere Entwickelung derselben anzubahnen. Es ist jedenfalls ein characteristisches Zeichen der Zeit, daß jetzt fast gleichzeitig acht große internationale Verkehrswege theils noch nicht lange vollendet, theils projectirt sind. In der alten Welt ist die Suezbahn kürzlich vollendet. Der projectirte Suezkanal soll das Mittelmeer mit dem Ocean verbinden und die Entfernungen zwischen den europäischen und amerikanischen Häfen einerseits, und den indisch-chinesischen Gewässern andrerseits im Durchschnitt um die Hälfte abkürzen. Man glaube nicht daß das Project aufgegeben wird. Bereits hat ja die Wissenschaft der Sache sich bemächtigt (Kotschy) und nachgewiesen, wie dem Versanden des Kanals vorgebeugt werden könne. Weiter soll die Euphratbahn einen Verkehrsweg zwischen Ostasien und Europa herstellen und es den Engländern möglich machen, Indien von London aus in 16 Tagen zu erreichen. In Amerika vermittelt die Panamabahn (so lange die Durchstechung der Landenge ein Project bleibt) den Verkehr zwischen der Union und Californien einer-, und China und Japan und den Häfen Indiens und Australiens andrerseits. Desgleichen benutzt man nach A. v. Humboldts Angaben die Seen in Nicaragua und die Wasserstraße des San Juan zu einer interoceanischen Verbindungsstraße und beabsichtigt ferner die Herstellung von Transitrouten über den Isthmus von Tehuantepec und durch Honduras. Auch hat man bereits Expeditionen ausgerüstet, welche unter verschiedenen Breitegraden den geeignetsten Weg für eine Eisenbahn von dem atlantischen Ocean nach der Südsee aufsuchen sollten. Sie wird vielleicht die größte Schlagader des Weltverkehrs.

Man sieht, es handelt sich bei all' diesen großen Verkehrsadern der alten und neuen Welt nicht blos um die Interessen der Länder, durch welche sie führen, sondern um die Verkehrsländer des ganzen Planeten und der Handel wird durch solche Vorgänge immer mehr zu einem Weltverkehr im Großen umgewandelt werden.

Es war eine innere Nothwendigkeit, daß man bei dieser Zeitströmung eine chinesische Mauer, welche $1/3$ der Erdbevölkerung vom Verkehr mit der übrigen Welt Jahrtausende hindurch abgeschlossen hatte, nicht mehr dulden konnte. Der Orient ist aus seiner Lethargie aufgerüttelt, China und Japan sind für die europäische Welt erschlossen. Wenn man bedenkt, daß wie vor Jahrtausenden so noch heute die Halbinsel des Indus und Ganges den Zielpunkt des Welthandels bildet, so wird man den Umstand gehörig zu würdigen wissen, daß mit einem Male die unerschöpflichen Grenzländer dieser Halbinsel dem Handel eröffnet sind. Nicht minder sind die Gestadeländer Asiens und Afrikas, die das Mittelmeerbecken umgrenzen, in engere Beziehung zum europäischen Handelsverkehr getreten. Auch auf die Hinterländer dieser Regionen hat sich die Bewegung erstreckt, insbesondere ist Persien mit Anträgen auf Freundschaftsbündnisse und Verträge dem gesammten Europa entgegengekommen und hat bereits definitiv solche mit England und Frankreich (1857), Oesterreich (17. Mai 1857) Preußen und dem Zoll-Verein (25. Juni) den Niederlanden (3. Juli), Hansestädten (23. Juli 1857) ꝛc. abgeschlossen.

Man darf nicht außer Acht lassen, daß durch das Zusammenwirken dieser Vorgänge die Welt gleichsam um ein Meer reicher gemacht worden ist. Die Südsee hat seit Magellan, dem ersten Weltumsegler, todt gelegen und den Namen stilles Meer in der That verdient. Die Goldentdeckungen in Californien und Australien und die dadurch hervorgerufene Völkerwanderung haben sie zuerst aus ihrer Ruhe aufgeschreckt und haben in Verbindung mit der Eröffnung China's und Japan's ein so reges Leben und Treiben auf jenen Fluthen hervorgezaubert, daß der Name „stilles Meer" schon halb wie Ironie klingt.

Eine nothwendige Folge der Eröffnung jener Länder der östlichen Hemisphäre ist, daß ein den jetzigen Anforderungen entsprechender Verkehrsweg zwischen Ostasien und Europa hergestellt werden muß. Der Verkehr zwischen jenen Ländern und Europa wurde bisher auf zwei Wegen vermittelt. Zu Wasser ums Kap, über Land durch die Straße über Triest, Alexandrien, Suez und das rothe Meer. Der lange Seeweg um jene Südspitze von Africa nach Ostindien, der Zeitverlust, den die Schiffe auf demselben durch periodische Windstille und Stürme erleiden, ist für die ganze Schifffahrt eine große Last, und obgleich die Ueberlandstraße durch die Eröffnung der Suezbahn bedeutend gewonnen hat, so ist dennoch klar, daß diese Straße dem Verkehr nicht genügt, und daß das lange angestrebte Problem der Eröffnung eines neuen Verkehrswegs zwischen Ostasien und Europa noch in einer andern Form, sei es als Suezkanal, oder als Euphratbahn gelöst werden muß. Die letztere ist bereits von der Pforte auf eine Strecke von 125 Meilen (von Suedieh — Seleucia — bis Kalaat Djaber) definitiv concessionirt. Die Herstellung des Suezkanals wird sich trotz aller Hindernisse, kraft jener Macht der Nothwendigkeit auch noch realisiren. Man erkennt, wie durch diese Factoren dem Hafen von Triest eine weit hervorragendere Stellung im Welthandel als bisher eingeräumt wird und daß die Bedeutung, welche Deutschland durch diese Gestaltungen als Transitland bekommt, laut nach einer Flotte ruft, weil ohne Schutz ein fremdländischer Handel unmöglich ist.

Schließlich darf man nicht übersehen, daß seit Aufhebung des Sundzolles die Ostsee aufgehört hat ein bloßer Binnensee zu sein, daß der Ostseehandel seine untergeordnete Stellung gegenüber dem eigentlichen Welthandel aufgegeben hat. Der Weg zur Theilnahme am wirklichen Welthandel ist bereits eröffnet, und jemehr sich das Netz der Communicationen nach dem Innern vervollständigt, jemehr wird die Möglichkeit gegeben, auf diesem Wege fortzuschreiten. Die großartige, selbst die kühnsten Erwartungen übertreffende Entwickelung der Dampfschifffahrt, sowohl innerhalb der Ostsee als nach und von der Nordsee (England, Schottland, Holland u. s. w.), der Aufschwung, welchen Stettin als Seehandelsstadt in neuerer Zeit genommen hat, sind ja die schlagendsten Beweise dafür. —

Ich konnte natürlich hier die Factoren blos andeuten, deren Zusammenwirken nothwendig auf die Entwickelung des Welthandels fühlbar einwirken muß. Durch die ungemeine Vervollkommnung der Transportmittel zu Wasser und zu Lande, durch jenes an einander Rücken der Länder und Meere, welches unser erfindungsreiches und verkehrsgewaltiges Zeitalter anstrebt durch die angedeuteten Veränderungen, welche an Deutschlands beiden Seeküsten vorgehen, muß unser auswärtiger Handel entschieden zunehmen, weil wir in industrieller Beziehung eine der ersten Stellen unter allen Völkern einnehmen. Jeder wird dadurch mehr und mehr in den Stand gesetzt, seinen Markt mächtig zu erweitern und gleichsam für die ganze Welt zu produciren. Wollen wir Deutschen aber aus diesen Verhältnissen Vortheil und Prosperität gewinnen, so müssen wir vor Allem darauf bedacht sein, uns die zum Schutz des auswärtigen Handels nothwendige maritime Stellung zu erringen. Das ist eine Nothwendigkeit, die selbst dem blödesten Auge einleuchtet. —

Die meisten größern maritimen Staaten haben recht wohl die unabsehbare Bedeutung des Handels mit den erschlossenen Reichen der östlichen Hemisphäre erkannt. England, Rußland und Nord-Amerika haben sich an Eifer überboten, mit China und Japan Handels- und Schifffahrtsvertäge abzuschließen, um die dortigen Märkte ihrer Rhederei zugänglich zu machen und sich so rasch als möglich in dem Besitz von Vortheilen zu setzen, welche ihrem Handel einen mächtigen Aufschwung bringen müssen. Deutschland mußte darauf verzichten, weil es keine Seemacht hat. Der zollvereinsländische Handel kann demzufolge in jenen reichen, unermeßlichen Gebieten nur sehr beschränktes Terrain gewinnen.

Der Zoll-Verein muß anerkennen, daß Preußen auch in dieser Beziehung bereits sein Möglichstes gethan hat, um zunächst mit Japan Handelsverträge für sich und den Zoll-Verein abzuschließen. Doch erkennt jeder der die Sache objectiv betrachtet, Preußens Flotte ist den Eventualitäten, die aus gerade solchen Handelsverträgen entstehen können, nicht gewachsen. Die Betheiligung des Zoll-Vereins an der Herstellung einer Marine ist der einzige Weg, die kräftigen preußischen Bestrebungen zu einem gedeihlichen Ziele zu führen. Dem Zoll-Verein kann nicht die preußische, sondern eine nach größern Dimensionen angelegte Zoll-Vereins-Marine zur Theilnahme am eigentlichen Welthandel verhelfen. Nach dem jetzigen Stand der Dinge dauern die mit größern transatlantischen Staaten abgeschlossenen Verträge des Zoll-Vereins blos so lange, als der gute Wille des andern Contrahenten dauert. Bei einer Marine, die blos mit preußischen Kräften gebaut und unterhalten wird, kann weder von Ergreifung kräftiger Repressalien noch von Zwang zur Einhaltung der Vertragsbedingungen die Rede sein, das erkennen Sachverständige an (Briefe über die preußische Kriegsmarine, Berlin 1858, die sehr fruchtbare Gedanken enthalten). Eben deßhalb muß das gesammte Deutschland auf der erweiterten Basis des Zoll-Vereins unter Preußens Vortritt eine Seemacht zum Schutze deutscher Küsten und Handelsflotten anstreben. Der Zoll-Verein muß mehr Seeluft athmen; er muß die unerschöpfliche Fruchtbarkeit des Meeres erkennen, welches manche Fessel seiner bisherigen, engherzigen Binnenstaatspolitik abstreifen wird. Wir brauchen eine Handelspolitik, welche Deutschland auf transatlantischen Gebieten Einfluß gewinnt. Man hat schon hervorgehoben, daß dies am Besten durch Begünstigung zollvereinischer Rhederei in

Verbindung mit der Leitung der Auswanderung zu einer Art Colonisation zu bewirken sei.

Die Rechtsfrage in Betreff der Zollvereinsflotte.

Die Forderung, die Gründung einer deutschen Flotte an den Zoll-Verein anzulehnen, hat zur Voraussetzung, den deutschen Bund bei dieser Frage ganz aus dem Spiele zu lassen. Wer wollte denn auch die Herstellung eines nationalen Werkes mit dem Bunde in Connex bringen, der trotz Art. 19 der Bundesacte die Ordnung der Zoll- und Handelsverhältnisse Deutschlands, ohne einen Federstrich dabei zu thun, den einzelnen Staaten überließ; der, statt diese wichtige Angelegenheit der Nation kräftig in die Hand zu nehmen, es vorzog mit unwürdigen Polizeimaßregeln auf die schwarz-roth-goldnen Pfeifenquasten der Studenten Jahre lang Jagd zu machen; der der Wissenschaft dadurch unmöglich machte, die Theorien und Lehren des Bundesrechts in ihr Bereich zu ziehen, daß er einstimmig auf österreichischen Antrag den in der Geschichte alles staatlichen Lebens unerhörten Beschluß vom 11. December 1823 faßte: „die Bundesversammlung wird in ihrer Mitte neuen Bundeslehren und Theorien, mit denen sich Schriftsteller und Gelehrte etwa befaßt haben, keine auf die Bundesbeschlüsse einwirkende Autorität gestatten und keiner Berufung auf dieselbe bei ihren Verhandlungen Raum geben, weil die Anwendung der bestehenden Gesetzgebung und die fernere Ausbildung des deutschen Bundes nur durch die Gesandten allein und die Instructionen der hohen Committenten bewirkt werden kann;" dessen Schöpfungen von nationaler Bedeutung, ich erinnere nur an das 1834 eingerichtete Schiedsgericht zwischen Regierungen und Ständen, eigentlich lauter todtgeborne Kinder waren, weil sie grundsätzlich allemal so organisirt wurden, daß diejenigen, zu deren Gunsten sie eigentlich geschaffen sein sollten, sich wohl hüteten, von ihnen Gebrauch zu machen. Sinken nicht seine Gesetze, sobald es zur That kommt, wie mürbe Fäden dahin?

Als Radowitz i. J. 1847 mit Abfassung einer Denkschrift über die Bundesreform beauftragt wurde, unterwarf er die Leistungen des Bundes einer Prüfung und sagte: „Auf die Frage: Was hat der Bund seit 32 Jahren seines Bestehens, während eines fast beispiellosen Friedens gethan für Deutschlands Kräftigung und Förderung? — ist keine Antwort möglich; 32 Jahre verflossen, ohne daß auch nur ein einziges Lebenszeichen der Bundesversammlung erschienen wäre, aus welchem die Nation hätte entnehmen können, daß ihre dringendsten Bedürfnisse, ihre wohlbegründetsten Ansprüche und Wünsche im Rath des deutschen Bundes irgend eine Beachtung fänden." Dasselbe läßt sich auch noch heute sagen.

Man nenne eine einzige Faser, in der das eigentliche Leben der Nation zur Erscheinung kommt, welche sich innerhalb der Gesetze des Bundes bewegt und man betrachte dagegen die Masse der in Deutschland bestehenden öffentlichen Rechtsverhältnisse, die ganz unabhängig von demselben wirken, z. B. Handels-, Zoll-, Wechsel- und Schifffahrtswesen, Münz-, Maß- und Gewichts-Angelegenheiten, Gesetze über Erfindungen und Patente, Postwesen u. s. w.

Die allgemeine Indignation über die Mängel des Bundes hat bereits gerichtet und muß nothwendig die von bestimmter Seite mit Sorgfalt und weitschauender Politik in ihrem Interesse angebrachten Stützen untergraben. Die Welt steht nun manche tausend Jahre, aber ihre Geschichte hat uns immer bewiesen, daß dasjenige, was sich der Erhaltung unwerth gemacht hat, weder durch Wunder noch ohne Wunder erhalten wird. —

Es kann sich hier nicht darum handeln, die Rechtsfrage einer Zollvereins-Flotte nach allen möglichen und unmöglichen Gesichtspunkten zu betrachten. Eine große Lebensfrage Deutschlands und deren Lösung gleichsam vor ihrer Geburt mit peinlicher Erörterung von Rechtsfragen zu maltraitiren, wäre eine Thorheit. Mit solcher Auffassung unserer nationalen Angelegenheiten kommen wir nicht weit. Ohne die Bedeutung der Rechtsfrage hierbei leugnen zu wollen, sage ich doch, daß es in der Welt gar viel Recht außerhalb des Buchstabens giebt.

Ich glaube durch die vorangegangenen Erörterungen bewiesen zu haben, daß der deutsche Zoll- und Handels-Verein, zumal wenn er seine Aufgabe in der angedeuteten Weise erweitert, einer auf seiner Grundlage aufzubauenden deutschen Flotte sichern, festen und vor Allem rein deutschen Boden bietet. Das ist zunächst die Hauptsache. Die Flotte hat im Zoll-Verein einen volksthümlichen Herrn, und sobald man ihn als Grundlage betrachtet, ist thatsächlich die Rechtsfrage schon halb gelöst.

Man ist bereits vollständig darüber einverstanden, daß zur Erzielung militairischer Macht die Concentration eines deutschen Heeres unter Preußens Leitung erfolgen müsse. Eine Flotte hängt nicht minder mit der Machtfrage zusammen, es wird also die natürliche Folge sein, auch der Leitung einer deutschen Flotte in Preußen ihren Schwerpunkt zu geben. Die Forderung, zum Heil deutscher Einheit die deutschen Kräfte um Preußen zu krystallisiren, ist seit den Freiheitskriegen aufgetaucht, durch welche sie gewissermaßen geschichtlich bekräftigt wurde, und hat seitdem die eifrigsten Anhänger gefunden. Diese Ansicht ist nicht aus willkürlichen Theorien, sondern aus besonnener Berechnung der geistigen Kräfte Preußens erwachsen. Preußen hat von jeher die beiden größten und nächsten nationalen Interessen, Sicherung des freien religiösen Lebens und Beseitigung der Abhängigkeit von den Fremden ergriffen, und in ihnen die Wurzeln der eigenen Größe gefunden. Die Erweckung des deutschen Nationalgefühls den Fremden gegenüber beginnt mit dem großen Kurfürsten und gehört seitdem mit wenig Ausnahmen zur „Hausgesinnung der Hohenzollern". Die Geschicke Preußens und des übrigen Deutschlands beruhen wahrlich nicht blos auf der Einheit der Nationalität, sondern hauptsächlich auf der durch die Geschichte begründeten Gemeinsamkeit ihres Zieles. Wenn irgend etwas dazu gedient hat, der Idee des einheitlichen Zusammengehens von Preußen und Deutschland den populären Boden zu bereiten, so war es der Zoll-Verein und man kann diese politische Bedeutung desselben gerade in jetziger Zeit nicht hoch genug anschlagen. Preußen mag sie benutzen zum Heil der deutschen Sache. Es stimmt deshalb mit der jetzt allgemeinen Auffassung der deutschen Machtverhältnisse ganz überein, wenn wir den Schluß ziehen: weil der Zoll-Verein selbst seinen Schwerpunkt in Preußen findet, muß dasselbe auch im Betreff seiner Flotte der Fall sein.

Die Hauptsache würde dabei sein, das Institut mit nationalen Einrichtungen zu umgeben und die Interessen der übrigen Vereinsstaaten nicht durch bloße Diplomaten, sondern durch sachverständige Männer wahren zu lassen. Bei der Hansa besorgte ein ständiger Ausschuß die laufenden Flottenangelegenheiten, außerdem wurde über die gemeinsamen Interessen im Betreff der Flotte auf den Hanseversammlungen getagt. Beim Zollverein würde man ein ähnliches Organ schaffen, welches das Vertrauen der Vereinsstaaten für sich hat und die erforderliche Einsicht besitzt, die deutschen Interessen in maritimer und handelspolitischer Beziehung mit Kraft und Sicherheit leiten zu können.

Uebrigens denke Niemand, daß man Preußen mit jener obern Leitung ein freiwilliges Geschenk mache, es bedenke vielmehr jeder, daß Preußen diesen Schwerpunkt gerade in dieser Beziehung vollkommen verdient hat.

Abgesehen davon, daß Kriegs- und Handelsschiffe ohne zweckentsprechende Häfen so gut wie schutzlos sind, hat eigentlich der Zoll-Verein durch Preußens Bestrebungen erst seine Thüren bekommen, durch die er mit dem Ausland verkehren kann.

Preußen hat bisher mit Aufwand von verhältnißmäßig starken Kräften nicht nur einen Kriegshafen in der Ostsee, sondern auch in der Nordsee herzustellen begonnen und somit eigentlich die Basis für eine Zollvereinsflotte geschaffen. Die preußischen Jahrbücher haben sehr richtig hervorgehoben, daß das Jahdeproject sich innig an die allgemeinen deutschen Flottenbestrebungen anschließe. Bekanntlich kann die Ostsee durch eine hinreichende feindliche Flotte hermetisch geschlossen werden. Vor Allem mußte deßhalb in der Nordsee ein Kriegshafen angelegt werden, von dem aus nöthigenfalls der Sund geöffnet und der Handel außerhalb der Ostsee vor feindlichen Einwirkungen geschützt werden konnte. Die Grundlagen für diesen Kriegshafen hat Preußen in dem Jahdebusen geschaffen.

Auf der andern Seite mußte man nothwendig auch in der Ostsee einen Kriegshafen haben, um den hier stationirten Kriegsschiffen Schutz zu gewähren. Dies war eine der schwierigsten Aufgaben. Die ganze flache, sandige Ostseeküstenstrecke von Memel bis Swinemünde bietet nicht einen einzigen, einem Kriegshafen einigermaßen Schutz gewährenden Punkt. Dem unausgesetzten Streben der preußischen Regierung ist es gelungen im Jasmunder Bodden ein passendes Kriegshafenbassin zu finden und mit großer Thätigkeit daran zu arbeiten.

Das sind in der That laut redende Thatsachen. Während Oesterreich consequent alle und sämmtliche deutschen Interessen von jeher mit Füßen getreten, während es sogar in unseliger Eifersucht den deutschen Zoll-Verein zu sprengen suchte, sobald es entdeckte, daß dieser hohe politische Bedeutung habe — hat Preußen von jeher dahin gestrebt, sich in militärischer und maritimer Hinsicht zu jener Höhe emporzuarbeiten, von der es als rein deutscher Staat die deutschen Interessen zu vertreten im Stande ist. In der gegenwärtigen, für das zerrissene und ebendeßhalb machtlose, deutsche Vaterland so gefahrvollen Zeit hat die Preußische Regierung offen erklärt: „die Politik Preußens, soll sie dem hohen Berufe des eigenen Landes entsprechen, muß stets eine nationale sein. Jedes wahrhaft deutsche Interesse wird stets in Preußen seinen wärmsten Vertreter finden und überall, wo es die Aufrechthaltung des Rechts, der Ehre und der Unabhängigkeit des gemeinsamen Vaterlandes gilt, wird Preußen nicht einen Augenblick anstehen, für diese höchsten Güter seine gesammte Kraft in die Wagschale zu legen!"

Bereits haben wir genugsame Beweise, daß dies keine bloßen Redensarten sind. Die Zeit der Redensarten hat in Preußen aufgehört. Man verlasse sich darauf, daß jene sträfliche Zeit unwiederbringlich verloren ist, wo man sich durch Schmähung und Verhöhnung des Strebens nach deutscher Einheit den rothen Adlerorden verdienen konnte.

Preußen hat die Hand gereicht und eine löbliche Richtung eingeschlagen. Preußen kann ebensowenig das übrige Deutschland entbehren, als das übrige Deutschland Preußen. Darüber täusche man sich nicht, weder in Preußen noch im übrigen Deutschland. Es fragt sich, ob die übrigen deutschen Staaten wie bisher in jenem selbstmörderischen, engen Particularismus verharren wollen, oder vorziehen, Preußen die Hand zu reichen und mit vereinter Kraft dem deutschen Vaterlande eine Machtstellung zu sichern, die ihm wenn je, so jetzt dringend noth thut.

Schlußwort.

Was die Zukunft uns rücksichtlich unserer Einheit bescheeren wird, müssen wir erwarten. Soviel ist über allen Zweifel erhaben, daß die Begründung deutscher Macht für die zukünftige Herstellung deutscher Einheit immer eine hochwichtige Unterlage bilden wird. Die Macht eines Landes besteht in seiner Armee, in seiner Marine, in seinen finanziellen Hülfsquellen, in dem Talent und der Intelligenz der leitenden und führenden Organe und in dem Geiste, der im Volke lebt. Wir können nicht fragen, wie der zweite Pfeiler deutscher Macht beschaffen ist, weil er noch gar nicht existirt. Aufgebaut werden muß er und sicherlich gehört er zu jenen Instituten, die nicht über Nacht aus der Erde gestampft, sondern nur durch jene strebsame, jahrelange Arbeit, an der sich außer den Regierungen die ganze Nation betheiligt, hergestellt werden können.

Wenn das Jeder einsieht, so wollen wir doch anfangen zu bauen. Die Herstellung einer Flotte ist ein nationales Werk und kann blos aus einer Bewegung entstehen, die ihre Schwingungen bis in die untersten Schichten der Nation erstreckt. In der großen Masse des deutschen Volkes ist eine Anstrengungs- und Aufopferungsfähigkeit vorhanden, deren Gewalt man erst dann kennen lernt, wenn im Namen einer großen, ächt nationalen Idee an dieselbe appellirt wird. Jetzt den Grundstein zu einer deutschen Flotte zu legen, wäre wahrlich dieser Appellation werth und es liegt in den Händen deutscher Regierungen und Patrioten, die sich ja jetzt so eng zusammenschaaren um für deutsche Einheit zu wirken, diese Appellation eintreten zu lassen. Man kann jetzt mit gutem Gewissen die Nation auffordern, noch einmal mit Hand ans Werk zu legen. Die Flotte soll ja diesmal auf Grund jenes volksthümlichen Instituts des deutschen Zoll- und Handels-Vereins aufgebaut werden, dessen Segnungen in jeder Schicht der Bevölkerung gefühlt werden. Sie soll im Kriege deutsche Küsten schützen und im Frieden die Macht und Größe des Zoll-Vereins steigern, damit er noch reichern Segen bringen könne, als er bisher zu bringen im Stande war. An seiner Kräftigung haben alle Deutschen Interesse: der Finanzmann des Fürsten und der einfachste Verarbeiter eines ausländischen Rohstoffes, der Fabricant und der Fabrikarbeiter, der Engros-Händler und der Detailist, der große wie der kleine Landwirth, der Protestant, wie der Katholik, der Demokrat wie der Aristokrat, der Staat wie jeder Einzelne, er mag treiben und sein was er will. Der Zoll-Verein beruht eben auf jener Macht der materiellen Interessen, der einzigen Macht, der es bisher gelungen ist, über 33 Millionen Deutsche unter einen Hut zu bringen. Weil die Staaten wie die Individuen an der Kräftigung des Zoll-Vereins das regste Interesse haben, ebendeshalb wird man auch nicht umsonst an Volk und Regierungen appelliren. Ganz Deutschland hat das größte Interesse und muß eine Kriegsflotte gründen, wenn von seiner Machtstellung im europäischen Staatenbund die Rede sein soll und wenn es nicht seinen Wohlstand durch jede noch so unbedeutende Seemacht ruiniren lassen will. Jeder Schritt zu Deutschlands Macht und Einheit ist ein Schritt zu Europas Ruhe, wie fortdauernde Zerrissenheit ein steter Anlaß zu neuen Kriegen ist. Wer Frieden will, lehrt Cromwell, bereite sich zum Kriege vor.

Betheiligen sich zuerst die Regierungen durch Matricularbeiträge und vereinigen sich die Patrioten aller deutschen Gauen, lenken die Augen der Nation auf die Herstellung einer deutschen Flotte, und erstreben einen jener majestätischen Accorde der nationalen Uebereinstimmung, ähnlich wie wenn an tausend Punkten der Erde eine Himmelserscheinung von Tausenden um dieselbe Stunde beobachtet wird — dann wird und muß das Werk gedeihen, was zu Deutschlands materieller und politischer Größe so unabweisbar nothwendig ist. Man lasse die Regierungen und 40 Millionen Deutsche nur drei Jahre mit vereinter Kraft schaffen, so werden die Erfolge uns und die Welt staunen machen und manchen „Zwietrachtsvogel" hinwegscheuchen, der jetzt emsig die deutsche Kaisergruft im Kyffhäuser umkreist.

Druckfehler.

Seite	1	Zeile	2	von	unten	lies	Tyrannen statt Tyrann.
"	31	"	15	"	"	"	mannigfach statt mannichfach.
"	32	"	1	"	"	"	popes statt papes.
"	32	"	14	"	"	"	liberis statt iberis.
"	35	"	25	"	"	"	zusammenfallen statt zusammenhalten.
"	39	"	8	"	"	"	33 statt 38.

FSC
www.fsc.org
MIX
Papier | Fördert
gute Waldnutzung
FSC® C083411

Kolibri 360 GmbH
Ferdinand-Jühlke-Straße 7
99095 Erfurt, Deutschland
produktsicherheit@kolibri360.de